U0561822

RESEARCH ON FINANCIAL SUPPORT AND
INNOVATION FOR DEVELOPING AVIATION ECONOMY

航空经济发展的金融支持与创新研究

冯登艳 等 著

序　一

2013 年 3 月 7 日，国务院正式批准《郑州航空港经济综合实验区发展规划（2013—2025 年）》，这是我国首个作为国家战略的航空港经济发展先行区。郑州航空港经济综合实验区（以下简称“航空港实验区”）批复后呈现快速发展态势。纵向来看，2010～2015 年航空港实验区地区生产总值年均增长 43.3%，规模以上工业增加值年均增长 61.4%，固定资产投资年均增长 69.9%，一般公共预算收入年均增长 79.1%，进出口总额年均增长 411.1%。横向来看，2016 年航空港实验区规模以上工业增加值为 360.4 亿元，地区生产总值为 626.2 亿元；郑州新郑综合保税区 2016 年进出口总值为 3161.1 亿元，首次跃居全国综保区第 1 位。2016 年，郑州新郑国际机场客货运生产再创历史新高，其中旅客吞吐量同比增长 20%，国内机场排名跃升至第 15 位；郑州新郑国际机场 2016 年货邮吞吐量跃居全国各大机场第 7 位，总量相当于中部六省其他五省省会机场货邮吞吐量的总和。实践证明，航空港实验区作为龙头，不断引领和支撑地方经济社会发展，带动河南通过“空中丝路、陆上丝路、网上丝路、立体丝路”，打造河南创新开放的高地，加快跨境电商示范区和中国（河南）自贸区建设，为郑州建设国家中心城市奠定了良好基础。

作为全国首个国家战略级别的航空港经济发展先行区，航空港实验区的战略定位是国际航空物流中心、以航空经济为引领的现代产业基地、内陆地区对外开放的重要门户、现代航空都市、中原经济区核心增长极。其中，紧扣航空经济发展这一重要主题，突出先行先试、改革创新的时代特征和功能。近几年来的发展实践表明，无论是发展速度，还是发展规模和质量，航空港实验区在许多方面已经赶上或超越了国际上许多典型航空都市的发展，对地方经济社会发展乃至“一带一路”倡议实施产生了积极影响。作为一种新型的经济形态，航空经济的健康发展既需要实践过程的创新和经验总结，也需要创新、建构航空经济理论体系作为行动指导。

郑州航空工业管理学院是一所长期面向航空工业发展培养人才的普通高等院校。在近 70 年的办学历程中，学校形成了“航空为本、管工结合”的人才培养特色，确立了在航空工业管理和技术应用研究领域的较强优势。自河南省提出以郑州航空港经济综合实验区建设为中原经济发展的战略突破口以后，郑州航空工业管理学院利用自身的学科基础、研究特色与人才优势，全面融入航空港实验区的发展。2012 年 6 月，郑州航空工业管理学院培育设立“航空经济发展协同创新中心”和“航空材料技术协同创新中心”。2012 年 12 月，河南省依托郑州航空工业管理学院设立“河南航空经济研究中心”。2013 年 6 月 26 日，河南省在实施“2011 计划”的过程中，依托郑州航空工业管理学院建立了“航空经济发展河南省协同创新中心”（以下简称“创新中心”）。学校先后与河南省发展和改革委员会、郑州市人民政府、河南省工业和信息化委员会、河南省民航发展建设委员会办公室、河南省机场集团有限公司、河南省民航发展投资有限公司、中国城市临空经济研究中心（北京）、郑州轻工业学院、洛阳理工学院等多家单位联合组建协同创新联盟，协同全国航空经济领域的有识之士，直接参与航空港实验区的立题申请论证、发展规划起草对接等系列工作。

自2012年6月由郑州航空工业管理学院启动实施以来，在河南省教育厅、河南省发改委、河南省民航办等单位给予的大力支持下，创新中心的建设进入快车道。2015年7月1日，中共河南省委办公厅、河南省人民政府办公厅在《关于加强中原智库建设的实施意见》中，将创新中心列入中原高端智库建设规划。2015年12月，河南省教育厅、河南省财政厅下发文件，确定郑州航空工业管理学院“航空技术与经济”学科群入选河南省优势特色学科建设一期工程。2017年3月30日，创新中心理事会又新增了郑州航空港经济综合实验区管委会、中国民用航空河南安全监督管理局、中国民用航空河南空中交通管理分局、中国南方航空河南航空有限公司、中航工业郑州飞机装备有限责任公司、河南省社会科学院和河南财经政法大学7家理事单位，航空特色更为鲜明。

创新中心自成立以来，秉承“真问题、真协同、真研究、真成果”的“四真”发展理念，先后聘请了美国北卡罗来纳大学 John D. Kasarda、北京航空航天大学张宁教授、河南大学经济学院名誉院长耿明斋、英国盖特维克机场董事会高级顾问 Alexander Kirby、清华大学蔡临宁主任等国内外知名学者担任首席专家，以“大枢纽、大物流、大产业、大都市”为创新主题，以“中心、平台、团队”为创新支撑，以“政产学研用”为创新模式，建立了4个创新平台，组建了20多个创新团队，完成了“郑州航空港经济综合实验区国民经济和社会发展的第十三个五年规划”等一批国家重点社会科学基金、航空港实验区招标项目、自贸区建设等方面课题的研究工作，形成一批理论探索、决策建议、调研报告等。为梳理这些成果的理论和应用价值，并将其以更加科学、系统和规范的方式呈现给广大读者，围绕航空经济理论、航空港实验区发展、中国（河南）自由贸易试验区建设等主题，创新中心推出“航空技术与经济丛书”，从“研究系列”“智库报告”“译著系列”三个方面，系统梳理航空领域国内外最新研究成果，以飨读者。

尽管编写组人员投入了大量的精力和时间，力求完美，但因时间有限，难免存在一些不足之处。我们期待在汇聚国内外航空技术与经济研究精英、打造航空经济国际创新联盟的过程中不断突破，也希望关心航空经济发展的领导、专家及广大读者不吝赐教，以便丛书不断完善，更加完美！

梁晓夏　李　勇

2017 年 3 月

序　二

中国经济的改革和开放已走过近40个春秋，这是一段让中国人物质生活和精神意识产生剧烈变动的岁月，也是中国经济学探索和研究最为活跃、作用最为显著的时期。

区域经济是发展经济学研究的一个重要课题。谈及区域经济、区域发展，人们经常聚焦社会经济历史的发展趋势、发展道路、发展模式、发展动因和特点等问题，诸如发达地区经济如何长期稳定发展，并保持优势地位；落后地区经济如何跨越式发展，实现赶超；如何打造区域经济的新增长极；等等。

经济社会发展至今，提高产业自主创新能力，走新型工业化道路，推动经济发展方式转变，成为关系我国经济发展全局的战略抉择。因此，我们急需具有附加值高、成长性好、关联性强、带动性大等特点的经济形态即高端产业来引领、带动、提升。郑州航空港经济综合实验区作为中原经济区的核心层，完全具备这些特点。在全球经济一体化和速度经济时代，航空经济日益成为在全球范围内配置高端生产要素的“第五冲击波”，成为提升国家和区域竞争力、促进经济又好又快发展的“新引擎”。

2013年3月7日，国务院正式批准《郑州航空港经济综合实验区发展规划（2013—2025年）》（以下简称《规划》），这标志着中原经济区插上了腾飞的“翅膀”，全国首个航空港经济发展先行区正式起航了。

《规划》的获批既是河南发展难得的战略机遇，也是河南航空经济研究中心与航空经济发展河南省协同创新中心的依托单位——郑州航空工业管理学院千载难逢的发展良机。

目前，在我国航空经济发展研究中，以介绍、评述和翻译国外研究成果的居多，航空技术与经济发展的理论基础研究尚未引起足够的重视。航空经济发展河南省协同创新中心组织国内外研究力量编著的“航空技术与经济丛书”，正是针对这一重要课题而进行的学术上的有益探索。

中国的改革仍在继续进行，中国的发展已进入一个新的阶段。既面临诸多挑战，又面临新的机遇。本丛书并不想创造有关航空经济的新概念，而是试图为研究航空经济的学者提供一个研究的理论基础。同时，本丛书还试图从对航空技术与经济实态的观察中抽象出理论，哪怕只能对指导实践产生微薄的作用，我们也将备感欣慰。

郑州航空港经济综合实验区的建设是一个巨大的、先行先试的创新工程，国内临空经济示范区你追我赶，本丛书也是一个理论和实践相结合的创新。丛书的出版对认识发展航空经济的意义，对了解国内外航空经济发展实践，对厘清航空经济的发展思路具有重要的现实意义。希望本丛书能服务于郑州航空港经济综合实验区的建设，引领国内航空技术与经济研究的热潮！

特向读者推荐！

张　宁

2017年3月

前　言

航空经济，是一个国家或区域经济发展到一定水平、一定阶段的产物，是经济发展的高级形态，是伴随着航空运输的发展和新技术革命深入推进而兴起的新兴经济形态，是产业形态变革和运输方式变革互相影响的结果，是技术密集型和资金密集型的经济形态。航空经济基本上由高端制造业和高端服务业构成，高投入的典型特征，决定了其发展更加依赖强有力的金融支持。

金融对航空经济发展的支持，也就是金融对航空业和航空相关产业发展的支撑作用，既包括各种商业金融的日常运作对航空产业发展所起的基础性支撑作用，也包括为促进或加快航空经济发展而出台的各种有针对性的金融政策措施。金融支持航空经济发展的作用过程，实质上就是金融在市场经济中充分发挥资源配置作用的过程，通过资金的集中与流动、金融结构调整、金融创新等方面发挥作用，推动航空经济的发展。金融为航空经济发展提供了不可或缺的资金支持，金融业为航空制造业、航空运输业、航空枢纽建设等提供长期稳定的资金；通过金融业有效分散了航空经济发展中的各项风险；金融创新又会促进航空业成本降低、融资渠道和风险管理手段增加，从而推动航空经济的加速发展。

金融支持航空经济发展同样不是静止的、割裂的，金融发展与航空经济之间联系紧密，二者在发展的过程中相互影响、相互作用、共同促进。金融业在航空经济的发展过程中，不仅能解决其资金需求问题，更重要的是通过金融业的介入，解决航空业内部资源的分配、集中和优化的问题，解决航空业发展过程中的风险分散和风险管理问题，从而促使航空业快速和健康发展。反过来，航空经济的发展又能促进金融的发展和创新。

本书由冯登艳组织编著，并负责撰写第三章、第四章；张素勤负责撰写第一章、第二章；杨震负责撰写第五章；赵莹负责撰写第六章。

目　录

第一章

绪　论

第一节　研究背景

一　研究和发展航空金融的必要性

（一）航空运输成为当代最重要的交通运输方式

在人类历史上，交通运输始终是影响区域经济社会发展的重要因素，影响着企业和企业家的区位选择、产业空间布局、区域和城市的兴衰。长期以来，城市的轮廓和命运一定程度上取决于交通运输方式，交通方式的变化是带动区域发展的重要动力。1992 年，著名航空经济学家、美国北卡罗来纳大学教授约翰·卡萨达（John D. Kasarda）提出“第五波理论”，认为航空将是继海运、内河航运、铁路、公路之后，经济发展的“第五冲击波”。在经济全球化背景下，航空运输适应了国际贸易距离长、空间范围广、时效要求高等要求，航空运输成为当代经济最重要的交通运输方式和经济发展的驱动力，是现代化国际经济中心城市迅速崛起的重要依托，机场成为全球生产和商业活动的重要节点。

从我国现实情况看，民航业已经成为我国经济社会发展的重要战略产业。改革开放以来，我国民航业快速发展，行业规模不断扩大，服务能力逐步提升，为我国改革开放和社会主义现代化建设做出了突出贡献。为促进民航业的健康发展，2012 年 7 月 8 日，国务院发布了《国务院关于促进民航业发展的若干意见》（国发〔2012〕24 号），提出要大力推动航空经济发展，通过民航业的科学发展促进产业结构调整升级，带动区域经济发展。《国务院关于促进民航业发展的若干意见》提出，到 2020 年要初步形成安全、便捷、高效、绿色的现代化民用航空体系，年运输总周转量达到 1700 亿吨公里，年均增长 12. 2%；全国人均乘机次数达到 0. 5 次；经济社会效益更加显著，航空服务覆盖全国 89% 的人口。

2014 年，民航业在经济社会发展中的战略作用更加凸显。据中国民用航空局 2015 年 7 月发布的《2014 年民航行业发展统计公报》披露，2014 年，在世界经济复苏缓慢、国内经济下行压力较大的情况下，全国民航运输机场完成旅客吞吐量 8. 32 亿人次，比上年增长 10. 2%。民航全行业运输飞机期末在册架数为 2370 架，年旅客吞吐量 100 万人次以上的运输机场 64 个，年货邮吞吐量 1 万吨以上的运输机场 50 个。民航主要运输指标继续保持平稳较快增长。从运输总周转量看，2014 年全行业完成运输总周转量 748. 12 亿吨公里，比上年增长 11. 4%。其中旅客周转量 560. 34 亿吨公里，比上年增长 11. 7%；货邮周转量 187. 77 亿吨公里，比上年增长 10. 3%。从旅客运输量看，2014 年全行业完成旅客运输量 3. 92 亿人次，比上年增长 10. 7%。国内航线完成旅客运输量 3. 60 亿人次，比上年增长 10. 1%；国际航线完成旅客运输量 0. 32 亿人次，比上年增长 18. 8%。从货邮运输量来看，2014 年全行业完成货邮运输量 594. 1 万吨，比上年增长 5. 9%。国内航线完成货邮运输量 425. 7 万吨，比上年增长 4. 7%；国际航线完成货邮运输量168.4万吨，比上年增长9.0%。

（二）航空运输成为推动区域经济发展的重要驱动力

航空运输对整个经济和社会带来新的冲击，正改变着人们的生产、生活和工作方式，影响着区域和城市的功能和结构。世界经济已进入主要由空运和航空枢纽推动经济发展的时代。随着网络化的广泛普及和迅猛发展，经济全球化的进程进一步加深，技术革命得到飞速发展，各种不同产业组织形式的变革也在日益改变着社会和经济形态。在航空和物流领域，这种结合与改造也在大量发生。民用航空业不再只是传统意义上的单纯运送旅客和货物的交通方式，而是已经成为带动经济社会发展的重要驱动力，世界正在形成以发展民用航空业为标志的新型经济发展形态，即航空经济。

快速的经济增长促进了航空运输业的快速发展和国防现代化进程的加快，航空运输业作为实现生产、流通、投资、消费一体化的重要交通方式，带来大量的航空制造业发展需求，吸引着众多航空产业及相关产业聚集，带动着地区的经济发展。随着经济增长，我国的人均GDP水平也在不断攀升。2015年2月26日国家统计局发布的《2014年国民经济和社会发展统计公报》显示，2014年我国人均GDP达到7575美元，上海市、北京市、天津市、浙江省、江苏省、内蒙古自治区、广东省和福建省8个省份人均GDP迈入“1万美元俱乐部”。

（三）世界各地航空经济呈现强劲发展趋势

随着经济的发展和航空业的进步，世界各地的大型机场都先后推出航空经济区的建设计划，在整体规划上呈多元化、多层次、广辐射态势。很多国家从理论和实践上对航空经济进行了不同的探索。1959年，爱尔兰成立了香农国际航空港自由贸易区，利用国外资金和原材料，大力发展出口加工业，这是临空经济区的早期形式。从20世纪60年代起，日本政府就先后提出了在东京、大阪建设三大国际航空港的课题，东京成田国际机场、东京羽田国际机场、关西国际机场成为日本最重要的航空港，航空运输在日本得到了飞速的发展，形成了建设与发展的良性循环。日本长崎县，依托长崎机场，在滨海区域规划兴建了一个临空经济区，建设了一条商务办公街，并建立系列航空关联产业开发区、自由贸易区、高级文化娱乐区、高级住宅区和高精尖端技术产业区。荷兰阿姆斯特丹史基浦机场，持续保持在欧洲机场客运量第四、货运量第三的位置，并从航空港发展到航空港都市，在机场周围集聚大量企业总部。美国的内陆城市孟菲斯，则随着联邦快递的入驻，一扫棉花业衰落后的萧瑟，跃升为美国的航空大都市。这是因为，联邦快递将孟菲斯机场作为其货物中转站后，越来越多地依赖航空运输的企业如电子零售商、技术维修企业、整形外科医院等追随联邦快递在孟菲斯布局。

我国的临空经济区在20世纪90年代初萌芽，北京顺义、上海虹桥、成都双流，成为其中的先行者。2004年以后，全国各地开始了临空经济的规划浪潮，临空经济进入快速发展期。1992年5月西南航空港经济开发区成立，四川省成为第一家发展航空港经济的省份；1994年北京天竺空港经济开发区成立；2008年10月，武汉临空经济区发展总体规划出台；陕西省则是最早提出和发展航空经济的省份。2010年以后，临空经济区的产业发展特点鲜明。一方面，已初步形成了以北京、上海、广州等枢纽机场临空经济区为中心，以成都、昆明、重庆、西安、郑州、深圳、杭州、武汉、沈阳、天津等直辖市、省会城市或重点城市的特色临空经济区为骨干，其他城市相继顺势发展临空经济区的基本格局；另一方面，随着经济发展模式的变化和航空运输业的发展，中国临空经济区发展呈现以航空产业、航空物流业、高轻产品制造业、国际商务会展业、康体娱乐休闲业为主的五大高附加值产业向机场周边集聚的态势。截至2014年年底，全国有62

个城市依托54个机场规划或建设了63个临空经济区。为推动临空经济示范区健康有序发展，2015年6月24日国家发改委与民航局联合出台了《关于临空经济示范区建设发展的指导意见》（以下简称《指导意见》），明确提出，临空经济区是依托航空枢纽和现代综合交通运输体系，提供高时效、高质量、高附加值的产品和服务，集聚发展航空运输业、高端制造业和现代服务业而形成的特殊经济区域，是民航业与区域经济相互融合、相互促进、相互提升的重要载体。

（四）航空经济的发展迫切需要金融支持

航空经济是基于航空运输的激发、以速度竞争为核心行为的航空指向性的新经济形态，是社会经济生产方式、生活方式的新发展。航空经济是以航空活动为核心的经济，借助于航空经济的快速发展，可以促进产业转型升级，引导和培育其他关联产业的升级发展，促进要素有序流动、资源优化配置、市场深度融合，加快培育参与和引领国际经济合作与竞争的新优势产业。

航空经济的发展和创新需要金融全方位的支持。航空经济是一种新型的经济形态，普及程度低，覆盖面还不是很广泛。国外自20世纪60年代开始关注并探讨航空经济，国内学者关注航空经济领域也有十几年时间了。但是国内外对于航空经济的研究还不够系统和深入，且关注的多是以机场以及机场周边产业集聚为着眼点的临空经济领域。在2012年7月8日发布的《国务院关于促进民航业发展的若干意见》的文件中，有多处提到了航空经济，但是在航空经济概念的出现和运用中，从地方到国务院都没有对航空经济进行相应的定义或界定。一个航空经济区需要形成以航空经济为引领的现代产业基地，发挥航空运输综合带动作用，强化创新驱动，吸引高端要素集聚，就要大力发展航空设备制造维修、航空物流等重点产业，培育壮大与航空相关联的高端制造业和现代服务业，促进产业集群发展，形成全球生产和消费供应链重要节点，所有这些目标的实现，都需要巨大的资金支持。因此，要促进航空经济的发展和创新，需要金融全方位的有力支持，而以航空金融、航空租赁、物流金融、离岸金融、电子商贸等为主导的航空经济下的金融模式将进一步推动我国航空经济与国际接轨，对推进我国经济融入全球化进程、缩小区域经济差距以形成密切结合当地优势、特色鲜明的航空经济并带动当地社会经济发展，具有重大意义。在这样的背景下，如何通过金融政策和手段促进航空经济的发展？如何借助于金融创新促进郑州航空港经济综合实验区的发展？本书就发展航空经济的金融支持与创新问题展开研究，显得非常迫切和必要。

二 金融在航空经济发展中具有不可替代的重要作用

（一）发展航空经济有利于促进航空经济区社会经济协调发展

1. 发展航空经济可以促进产业结构的优化升级

航空经济的发展，可以促进产业结构的优化升级，引导和培育其他关联产业的升级发展，促进国际国内要素有序自由流动、资源高效配置、市场深度融合，加快培育和引领国际经济合作与竞争的新优势产业。我国正处于稳增长、调结构、促升级的发展阶段，航空经济核心产业链条长，技术、资金、知识密集，高度集成了现代科技成果，以航空运输业为平台，可以带动高端产业和现代服务业的发展。首先，航空经济能引导产业向高端化转型。民航业是一个高科技产业，具有技术密集和高附加值的特点。科技含量高、体积小、价值大产品的运输方式均依赖民航业。航空经济的发展，以航空运输为基础的现代高端物流服务体系的建立，使淘汰产业层次低、缺乏竞争力的产业和发展高端先进制造业成为可能。其次，航空经济能带动现代服务业的发展。现代服务业的迅速发展需要巨大的人流、物流和信息流，公务商务人员的旅行、公务商务文件的快递和运输，主要依靠航空运输。

例如，云南省是一个以航空运输为平台，发展航空经济和旅游经济的典型。云南省处于祖国西南边疆地带，地理位置特殊，旅游资源丰富，省内土地面积的94%是山区，交通成为制约旅游经济发展的重要因素，为此云南省确立了“以航空运输为先导”的发展方针，着力构建以昆明长水国际机场为核心、支线机场为基础、通用机场为补充，布局合理、规模适度、功能完善、协调发展的机场体系，形成连接国际、国内和省内的三级“航空网”，内联中国各省份、外联各大洲、辐射南亚东南亚的便捷空中走廊。云南省现已有昆明长水等14个机场，普洱澜沧等5个新机场正在建设中，楚雄等4个机场正在选址规划中。到2020年，云南省运输机场数量将达到20个，通用机场达到45个。到2030年，云南129个县中的大多数县都将有自己的机场。越来越多的地州依托机场的口岸优势，借助航空业的集聚功能，使地方经济得到了快速发展。1978～2010年的32年时间，云南旅游总收入跨越了1000亿元大关；2011～2013年，用了3年时间跨越了2000亿元大关；2014～2015年，用2年时间，云南旅游总收入突破3000亿元。2011～2015年的整个“十二五”期间，云南省旅游总收入年均增长26%。2015年，云南省接待国内游客3.2亿人次，年均增长18%；接待海外游客570万人次，年均增长10%（念新洪，2016）。

2. 发展航空经济有利于消费结构转型升级

发展航空经济能够以航空消费者为中心，推动消费结构的转型升级，提升消费层次，进一步扩大消费。按国际公认标准，人均GDP达到4000美元后，居民消费结构从生存型向发展型和享乐型转变。我国在2010年人均GDP达到4394美元，突破了这一标准。2011～2014年我国人均GDP分别是5434美元、6076美元、6959美元、7589美元，收入水平的不断提升带来了消费结构的变化，越来越多的普通公民度假休闲、国内长距离旅游和出国旅游，会选择便捷、安全、舒适的民航作为旅行方式；同时，利用民航实现跨地区工作、居住、采购也渐成消费时尚。

目前，中国消费呈现的最大特点是消费结构改善和消费层级提高，消费结构升级步伐加快，生存型消费占消费总支出的比重不断下降，发展型和享受型消费比重则不断提高。中国在进入上中等收入阶段，向高收入方向迈进时，出现了新的消费增长点和新的消费模式，消费已经成为经济增长的最大驱动力，也提升了中国的消费结构。近几年来，中国居民家庭的恩格尔系数持续下降，2013～2015 年分别是 31.2%、31%、30.6%，说明居民消费的结构升级改善，中国将进入更富裕类型的社会，中国会在教育、医疗、文化、养老、旅游方面形成巨大的消费，显示出信息消费、绿色消费、时尚消费、品质消费趋势。伴随着服务消费占消费总支出的比重不断提高，人们正不断向提高生活质量、消费质量和幸福指数的方向迈进，公务飞行、空中游览、体育休闲等高层次、个性化的通用航空需求不断增长。

3. 发展航空经济有利于形成区域经济发展的新增长点

21 世纪是航空经济时代，越来越多的城市把航空经济作为提升综合竞争力的战略选择。航空物流是现代物流的重要组成部分，是极具发展潜力的朝阳产业。发展航空经济具有重大意义。据专家测算，航空港每增加 10 万吨航空货物，将创造 800 个工作岗位；每新增一班异国国际直达航班，可为当地增加 1500 多个就业机会。大型枢纽机场客运量每增加 100 万人，将拉动地方经济增长 0.5 个百分点，增加就业岗位 1 万人（赵振杰、杨凌，2012）。空港规模越大、航线航班越多，对地区经济的贡献越大。机场作为高速交通体系中最重要的节点，能促使生产、技术、资本、贸易、人口等各种资源在航空港相邻地区及空港走廊沿线地区集聚，带动相关产业集群快速发展，成为城市发展的新增长点。航空经济的发展，要在国家大背景下，充分发挥城市自身优势，按照产城融合的标准，加快发展高标准的航空物流产业园区，着力打造区域经济新增长点。要创新融资平台，拓宽融资渠道，放大融资能力，统筹资金运用，为航空经济发展提供充足的资金保障。

4. 发展航空经济有利于促进区域经济社会协调发展

交通运输是现代城市间物质、能量交换的载体，将社会生产、分配、交换与消费的各个环节有机地联系了起来，任何地区的社会经济发展、地区间的分工交流，都是以安全、高效的交通运输联系为前提的。而航空运输不仅是一种运输手段，更是一种优质资源、一种网络型基础产业，它从空间范围内将经济全球化、产业集群、企业竞争力融为一体。

航空运输对促进区域经济社会协调发展有着非常重要的作用。发展航空运输，首先，会促进航空运输本身的航线服务、航站服务、飞机等相关设备维护维修服务的发展；其次，会促进直接、紧密利用航空运输服务企业的发展，如物流企业、临空制造业等；再次，会促进为航空、物流、飞机制造等提供服务的相关产业的发展，如住宅、餐饮、娱乐、零售等社会化服务产业，以及航空公司总部、金融保险、科技研发、会展等产业；最后，由于航空运输具有典型的规模效应，航空运输的发展会提高效率、降低成本，促进旅游、贸易、运输等行业的发展。因此，在经济全球化的背景下，通过发展航空经济，能够超越地理空间界限去最大限度地利用全球范围内的资源，大跨度地直接参与国际分工，在世界范围内吸纳和集聚各种生产要素。航空经济的辐射和带动效应，有助于扩大区域内的就业和人口规模，加快地区性商业、社会服务业等行业的发展，形成密切结合当地优势、特色鲜明的航空经济，并带动当地区域经济社会的健康协调发展。

5. 发展航空经济有利于推进经济全球化进程

经济全球化是一个不可逆转的发展趋势，在这种趋势下，人员、资金、技术的全球范围流动将成为常态。现代经济的起点是开放，只有开放才可以利用国内外两个市场，才可以最大限度地发挥自身的比较优势，加快发展步伐，实现经济总量的快速提升。全球化背景下，世界各国经济开放度增加，各国经济都走向开放、走向市场化，世界经济趋向于某种程度的一体化，各国经济贸易相互依赖程度大大提高，经济、市场、技术与通信形式越来越具有“全球性”特征，如自由市场、投资流动、运输和通信成本降低、贸易和信息的一体化等。通过发展航空经济，可以构筑通向世界的窗口和开放高地，本地的产品、人才及相关资源会快速集聚在航空经济区，并通过航空通道输出到世界各地，以充分发挥本地的比较优势，实现经济的快速发展。同时也能够充分利用全球的人才、资金和技术，做到与世界经济同步发展。在国家对航空经济的大力支持下，郑州航空港经济综合实验区被上升为国家战略，航空制造业被列为国家战略性新兴产业，航空金融、航空旅游等属于国家重点发展的现代服务业体系。伴随着航空经济在自由贸易区、综合保税区等区域的发展，以航空金融、航空租赁、电子商贸等为主导的发展模式将进一步推进我国航空经济与国际接轨，有助于进一步推动我国经济融入全球化进程。

6. 发展航空经济有利于促进郑州航空港经济综合实验区的发展

2011 年，在深入谋划和推进中原经济区建设的过程中，河南省委、省政府与国家民航局提出了建设郑州航空港经济综合实验区的战略构想。2012 年 11 月 17 日，国务院批复《中原经济区规划》，同意规划建设郑州航空港经济综合实验区。2013 年 3 月 7 日，国务院正式批复了《郑州航空港经济综合实验区发展规划（2013—2025 年）》，郑州航空港经济综合实验区就成为全国首个上升为国家战略的航空港经济发展先行区。建设郑州航空港经济综合实验区，对于优化我国航空货运布局，推动航空港经济发展，带动中原经济区新型城镇化、工业化和农业现代化协调发展，促进中西部地区全方位扩大开放具有重要意义。

郑州新郑国际机场是国内八大枢纽机场之一，2014 年郑州机场完成旅客吞吐量 1580.5 万人次，比上年增长 20.3%；货邮吞吐量 37 万吨，比上年增长 44.9%；两项增速均排名全国大型机场第 1 位。航线总数达到 185 条，通航城市 97 个。尤其是航空货运，新开货运航线 9 条，总数达到 32 条，其中全货运国际航线 28 条，初步构建起了覆盖全球的航空货运网络。[①] 近年来，郑州航空港区（郑州新郑综合保税区）经济社会发展态势迅猛，郑州航空港区已是河南经济发展最快的区域之一，2014 年全区各项经济指标持续快速增长，各主要经济指标增速均高于全省、全市增幅。

任何地区的社会经济发展、地区间的分工交流，都是以安全、高效的交通运输联系为前提的。为了把郑州航空港建成全国重要客运中转换乘中心和全国重要的国际航空物流中心，河南省建设了完善便捷的空陆联运体系，建设航空、公路、铁路高效运输枢纽，形成陆空联运体系，实现客运“零距离换乘”和货运“无缝衔接”，建设了“三纵两横”高速公路网、“五纵六横”干线公路网、“米”字形铁路网。[②] 目前，郑州航空城的发展框架和趋势逐步清晰。在富士康的带动下，UPS、俄罗斯空桥、南方航空、深圳航空、联邦快递、阿里巴巴等 200 多家国内外知名企业纷至沓来，超过 70 家富士康配套企业已在郑州航空港区办理注册登记手续，上百家富士康协理厂商落户周

① 《郑州航空港经济综合实验区》，人民网 - 河南分网，2015 年 6 月 1 日，http://henan.people.com.cn/n/2015/0601/c351638 - 25087271.html。

② 《郑州航空港经济综合实验区》，人民网 - 河南分网，2015 年 6 月 1 日，http://henan.people.com.cn/n/2015/0601/c351638 - 25087271.html。“三纵两横”高速公路网，是指建成登封至商丘、机场至周口等地方高速公路，与京港澳高速、机场高速和郑民高速共同构成高速公路网；“五纵六横”干线公路网，是指升级改造 G107 相关路段和 S102、S223、S221 线，形成干线公路网；“米”字形铁路网，是指建成郑州东站至郑州机场至许昌、郑州机场至登封至洛阳、郑州至焦作、郑州至开封等城际铁路，形成以郑州为中心的铁路网。

边地区，并将带动 100 多个产业、400 多个配套企业陆续落户河南，亚洲最大的智能终端生产基地基本形成。港区主导产业加速均衡发展，生物医药产业培育初见成效，精密制造产业集群加速集聚，航空制造维修产业加快发展，大数据产业集群发展势头良好，新型服务业发展迅速。航空偏好性产业已初具规模，并呈集聚态势。郑州机场周边土地已按照规划，陆续建成了大量道路、桥梁、商业区、仓储区、居民社区。在产业和基础设施不断完善的同时，人员也开始向港区周边聚集，郑州航空城的框架和发展模式逐渐清晰。

按照规划，郑州航空港经济综合实验区的战略定位为国际航空物流中心、以航空经济为引领的现代产业基地、内陆地区对外开放的重要门户、现代航空都市、中原经济区核心增长极。到 2025 年，郑州航空港经济综合实验区将成为“大枢纽”——航空货邮吞吐量达到 300 万吨左右，跻身全国前列，国际航空货运集散中心地位显著提升；拥有“大产业”——形成创新驱动、高端引领、国际合作的产业发展格局，与航空相关联的高端制造业主营业务收入超过 10000 亿元；建成“大都市”——营商环境与国际全面接轨，建成进出口额达到 2000 亿美元的现代化航空都市，成为引领中原经济区发展、服务全国、连通世界的开放高地。

2013 年习近平主席提出建设“丝绸之路经济带”和“21 世纪海上丝绸之路”的倡议，推进“一带一路”建设既是中国扩大和深化对外开放的需要，也是加强和亚欧非及世界各国互利合作的需要，郑州被定位为内陆开放型经济高地，并被支持建设航空港。航空港是航空经济发展到高级阶段的重要载体、实现形式和抓手，是区域经济发展的发动机。“一带一路”倡议的实施，为郑州航空港经济的快速发展带来了重大机遇，也带来了政策支持和发展基础，航空港逐渐成为区域经济增长极，对当地城市经济贡献越来越大。要配合“一带一路”倡议，落实和实施郑州航空港经济综合实验区的发展规划，需要通过发展航空经济来实现。发展航空经济，可以拉动郑州航空港经济综合实验区区域内商业、社会服务设施和文化娱乐设施的建设和发展，扩大港区内的就业规模和人口规模，进一步促进郑州航空港经济综合实验区发展。

（二）金融业可以促进航空经济的快速和稳健发展

1. 金融业可以为航空经济的发展提供巨额资金支持

航空经济是一种民航产业集聚形态，在航空经济的整个产业链条中，民用航空业是主导产业，其产业结构包含机场以及与航空运输直接或间接相关的产业。发展航空经济区、提升航空枢纽地位、建设现代综合交通运输体系，都需要巨额的资金投入。因此，在航空经济的发展中，资本要素是最关键的制约性因素，而摆脱资本约束的根本途径就是充分发挥金融的作用。金融是现代经济的核心，金融发展是经济发展的一部分，航空经济发展程度越高对金融发展的需求也就越大。随着航空经济区在各地的快速发展，金融对航空经济区经济社会发展的作用越来越重要，在国内外金融市场联系和相互影响越来越密切的形势下，做好金融工作，保障金融安全，成为推动航空经济快速发展的基本条件，也是维护航空经济安全运行的重要保障。

2. 金融业可以促进航空产业资源的优化配置

首先，随着经济的不断发展，作为现代服务业的金融产业占 GDP 的比重呈现逐渐提高的趋势。因此，金融产业的比例提高就是航空经济产业结构优化升级的一个重要表现。其次，金融业的发展可以促进资本在不同航空产业间的流动，优化资源配置，带动航空产业不同程度地增长，实现航空经济产业结构的进一步优化。例如，在为航空产业提供资金支持时，金融可以通过灵活调整信贷方向和结构，集中资金，加大对航空经济区的基础设施、基础产业、支柱产业和高新技术产业的投资力度，促进产业结构升级；也可以通过引导优势企业上市融资，以上市公司发展带动航空经济区的产业结构升级。最后，金融能够促进航空业的技术进步。金融通过将资金配置到生产效率最高的项目中去，可以提高技术进步率，促进经济增长；金融也推动和促进了技术和资本的结合进程，任何一项航空新技术的诞生都会有很大的风险，而金融业的发展与金融工具的创新可以起到分散投资风险的作用，从而使对航空高风险产业进行投资成为可能。因此，金融对航空产业结构的优化和调整起到了重要作用。

3. 金融业可以促进航空企业的规模扩张

航空企业的成长和规模扩张是离不开金融支持的，金融业的发展可以促进航空企业的规模扩张，改变航空企业的组织结构和企业规模。大型跨地区甚至跨国企业往往也是一个地区的经济支柱。航空企业的规模扩张主要有两种形式，一种是通过要素投入实现生产规模的不断扩大，另一种是通过收购兼并或资产重组实现经济规模的扩大，都是需要借助银行或资本市场来完成的。可以看出，航空企业无论采用哪种形式实施扩张，都无法离开商业金融的支持或政策性金融的扶持。

第二节　相关研究综述

航空经济作为20世纪的新兴边缘性交叉学科，航空金融市场潜力巨大，但是国内外关于航空金融系统性的研究文献不多，理论研究尚不系统，也不深入，尚处于发展和完善阶段，许多理论和实践问题仍处于探讨之中。

一 航空经济相关研究综述

（一）航空经济的相关概念

在航空经济相关概念的提出和演变过程中，先后出现了临空经济和航空经济等相似、相近并具有影响力的概念，反映了学术界对航空经济认识的不断发展和深入。临空经济和航空经济的提法最多，使用最频繁，概念的范畴也最为接近。

1. 国外研究状况

国外研究和提出临空经济概念的鼻祖当属率先研究航空运输对经济活动影响的美国著名航空专家麦金利·康维（Mckinley Conway）。1965 年，麦金利·康维在“The Fly-in Concept”一文中提出“临空”概念，认为未来临空经济的发展将在工商产业区的设计以及城市和大都市的规划等方面产生令人兴奋的变化，阐述了运输变革引发城市经济发展的思想。麦金利·康维的临空经济概念源于对交通延误的解决，其最大的意义在于临空经济代表着一种交通方式的变革。临空经济概念的提出开了航空运输对经济活动影响研究的先河。临空经济具有四个特点：一是经济活动对航空运输具有高度依赖性，二是产业布局具有临空指向性，三是产业自身的集群特征，四是经济活动具有区域性。这说明临空经济对区域经济的增长具有牵引作用。

美国著名航空经济学家约翰·卡萨达、格雷格·林赛（2013）从城市结构和城市产业来定义航空经济，他们所著的《航空大都市——我们未来的生活方式》（*Aerotropolis the Way We'll Live Next*）一书中，把航空运输方式对经济活动的影响聚焦在城市结构和城市产业上，提出“航空大都市”的概念，认为“速度经济”时代，全球化的必然结果在城市上的体现就是航空大都市，航空大都市就是互联网的都市版化身，可以通过机场与空港贸易区观察航空大都市的运行机制和运行成果。

20 世纪 90 年代，剑桥系统研究所将临空经济区从空间构成上分成四个层次，即空港区、紧邻空港区、空港相邻地区、空港可达区，对每个区域的产业构成和主导产业进行了阐述，对临空经济产业类型进行了研究，依据产业集中度把其分成四类：逐渐集中的工业企业、中度集中的工业企业、高度集中的工业企业、非常高度集中的工业企业。

2. 国内研究状况

航空经济是从航空活动、航空产业到航空经济演变而来，国内学者结合国内外航空经济的理论探讨与发展实践，在总结国内外航空经济理论的基础上，从不同角度对航空经济展开研究。

从 20 世纪开始，就有不少国内学者研究航空运输对经济活动的影响，其中开始最早、持续时间最久的学者是中国民航大学的曹允春。1999 年，曹允春提出“临空经济”的概念，提出临空经济区是指由于航空运输的巨大效益促使在航空港周围产生生产、技术、资本、贸易、人口的集聚，形成了具备多功能的经济区域。

2005 年，李健提出临空经济是以航空运输作为全球性物资流动和人员流动基础的一种经济发展模式。他认为临空经济包含区域概念、产业概念、经济概念三个概念，即临空经济要包括邻近机场的地理位置、与机场和航空运输直接相关的临空产业、空港地区特有的独到的一种经济现象。

2008 年，张军扩等（2008）在详细研究临空经济现象的基础上，提出临空经济是一个依赖特殊要素、具有特定的产业结构和空间形态并与经济发展阶段相联系的概念。在经济发展达到一定阶段之后，依托于大型机场（特别是大型国际枢纽机场）的吸引力和辐射力，在其周边地区发展起来的，由直接服务及依托于航空运输业的相关产业和具有明显航空枢纽指向性（可充分利用航空运输优势和便利）的有关产业组成的，具有巨大影响力的区域经济体系，是产业结构演变和交通运输方式变革的产物。

2009年，曹允春在《临空经济——速度经济时代的增长空间》一书中对“临空经济”的定义是，“依托机场设施资源，通过航空运输行为或航空制造活动，利用机场的产业聚集效应，促使相关资本、信息、技术、人口等生产要素向机场周边地区集中，以机场为中心的经济空间形成了航空关联度不同的产业集群，这种新兴的区域经济形态称之为临空经济”。他认为临空经济这种新兴经济形态的特点有四，即经济活动对航空运输高度依赖、产业布局具有临空指向性、产业具有集群性、经济活动具有区域性。

2010年，崔婷、曹允春（2010）针对临空经济发展状况评价与发展阶段判定的研究，从机场的设施资源层面对临空经济进行定义，认为临空经济是依托机场设施资源，通过航空制造活动和航空运输行为，利用机场的产业集聚效应，促使相关生产、技术、资本、信息、贸易、人口等资源要素向机场周边集中，以机场为中心的经济空间形成航空关联度不同的产业集群，这种新兴的区域经济形态被称为临空经济。

航空经济是以民用航空业为核心和依托形成的经济发展形态，原国家民航局局长李家祥在2012年提出，航空产业大致可分三类：第一类是航空核心类产业，指直接利用机场资源，主要聚集的是航空运输和航空制造产业链上的企业；第二类是航空关联类产业，指对航空运输方式高度依赖，主要聚集的是高时效、高附加值型产业以及知识、信息、技术、资金密集型现代服务等新兴产业；第三类是航空引致类产业，指由航空核心类产业、航空关联类产业所引发的客流、货流、信息流和资金流等资源，集聚形成各类辅助、配套和支持型服务产业。李家祥认为，航空经济具有高附加价值、高技术含量和高时效性的特征。

2013 年，郑州航空工业管理学院郝爱民博士提出，航空经济是在经济全球化背景下，以航空枢纽为依托，以航空运输为纽带，以与铁路、公路高效衔接的现代综合交通运输体系为基础条件，以高时效、高技术、高附加值的空间集聚产业为标志，以参与国际市场分工与促进产业转型升级为支点，以宜居、生态、智能、土地集约化的航空大都市建设为载体，形成区域核心增长极的一种新的经济形态。郝爱民认为，作为一种不同于其他区域经济的经济形态，航空经济具有四个特征，即具有交通枢纽地位是航空经济的发展前提、高新产业集聚是航空经济发展的主要特征、大都市区是航空经济发展的产物和重要载体、成为核心增长极是航空经济在区域发展中的作用。

河南大学经济学院名誉院长耿明斋在 2015 年从经济形态演变的内在逻辑角度定义航空经济，提出航空经济是在信息处理技术、先进制造技术和现代交通技术的引领下，依赖于全球化垂直分工体系和网络化产业组织形式而衍生出来的一种新型经济形态。他认为临空经济由机场、产业、空间三要素构成，并把航空经济的内涵概括为，以航空枢纽为依托，以现代综合交通体系为支撑，以提供高时效、高质量、高附加值产品和服务并参与国际市场分工为特征，吸引航空运输业、高端制造业和现代服务业集聚发展而形成的一种新的经济形态。

广西师范大学的李宏斌在 2014 年提出，航空经济应该是民航运输业（公共航空运输企业、航空物流）、民航保障业（机场、油料）、航空制造业、航空服务业（培训、教育、维修及航空金融等）、航空旅游业、通用航空业、航天产业等行业和产业的集合与集成后并产生了新衍生收益效应的经济业态和状态。航空经济的具体形态包括航空运输经济、航空工业经济、航空服务经济、航空知识经济和航空信息经济等。航空经济的空间范围不应局限于某一机场，而应适当扩大到一个省域或相邻地域，不受行政区划和地界边界限制。航空经济产业链上游有航空制造业，中间有航空运输业，下游有航空服务业，侧面有相关产业和关联产业。

航空经济是由技术进步衍生出的一种新型经济形态。现代信息技术的广泛使用催生了专家主导型的现代化企业，网络化的飞速发展、生产和服务外包以及全球化生产分工体系，导致远距离运输需求，产生了航空经济的可能性。而航空制造和航空运输技术的进步则使得航空经济由可能变成现实。航空经济是一种特定的区域经济形态，航空经济也代表着经济发展的新阶段和新趋势。航空经济和临空经济的差异主要在于，首先，临空经济强调空间区域，属于区域经济学范畴；航空经济则强调产业集聚，属于产业经济学范畴。其次，临空经济的发展是以机场为核心，产业链条向上下游延伸，带状发展，产业布局呈现以机场为核心的圈层结构，产业链条较为紧密；航空经济的产业链条多且链条间相对松散，由与航空制造和航空运输直接相关的一条主要产业链为主、其他与航空相关的配套产业为辅。航空经济和临空经济的联系是，临空经济是航空经济在机场周边的空间投影，是航空经济最突出的表现形式，临空经济和航空经济都必须要以航空产业为支撑，航空经济是临空经济的丰富与深化。

综上，国内外学者对航空经济主要从以下三个方面进行了界定。

其一，航空经济是一种新型经济形态。航空经济是由技术进步衍生的一种新型经济形态。现代信息技术的广泛使用催生了专家主导型的现代化企业，网络化的飞速发展、生产和服务外包以及全球化生产分工体系，导致了远距离运输需求，产生了航空经济的可能性。而航空制造和航空运输技术的进步则使得航空经济由可能变成现实。

其二，航空经济是一种区域经济形态。航空经济是航空运输高速发展下区域经济显现的一种经济形态，代表着经济发展的新阶段和新趋势。航空经济是区域经济发展的结果，航空经济与区域经济发展相互促进。航空经济区必须以机场为依托，航空经济区的发展必然受到机场规划、功能定位、资源禀赋、经济状态、消费水平等因素的多重影响，而航空经济的发展必然能够促进区域经济的进一步发展。同时，区域经济越发达，航空经济区的辐射范围就越大，航空经济对产业集聚和区域经济发展的带动就越强。

其三，航空经济是一种民航产业集聚形态。在航空经济的整个产业链条中，民用航空业是主导产业，其产业结构包含机场以及与航空运输直接或间接相关的产业。在实际范围上，航空经济的核心层包括客货航空运输、通用航空、机场建设与管理、空中交通管理、飞机维修、航空油料供应、航空销售代理等，其上下游主要包括飞机和高端设备制造、新材料新技术研发和应用、航空金融租赁、空港产业园、航空物流、航空旅游等。因此航空经济特指民航经济，是一个行业的概念。

航空经济是在经济全球化背景下，以航空枢纽为依托，以现代综合交通运输体系为基础，以提供高时效、高技术、高附加值的产品和服务为特征，参与国际市场分工，吸引航空运输业、航空制造业与现代服务业等航空产业在区域内集聚而形成的一种经济形态。

（二）航空经济的特征

航空经济是由前沿技术和相应的现代经济组织形式支撑的新型经济形态，国内学者从不同角度对航空经济的特征进行了探讨。刘涛（2013）提出，大多数的航空经济区在不同的发展阶段，其产业呈现明显的阶梯状发展特征。在运输经济阶段的主导产业以航空核心产业为主，产业集聚阶段的主导产业以航空关联产业为主，城市经济阶段的主导产业为现代服务业和制造业。郝爱民（2014）认为，航空经济具有六大特征，即航空指向性、产业集聚性、空间布局圈层性、技术先导性、交通立体性和全球易达性、运行高度协调性。李宏斌（2014）提出，集态是航空经济的核心特征。从区域经济和地区发展来看，航空经济本身就兼具规模经济和范围经济的特点，易产生集态竞争优势和竞争力。他所指集态是指各个经济要素在时间、空间和功能上经过汇集、集中、集聚而形成的集群、集成的新式状态和整体功能最优化的形态。耿明斋、张大卫等（2015）认为，与传统经济形态相比，航空经济具有开放性和全球性、高时效性、高附加值和高技术性、多元性与网络性的特征。

综上所述，针对全球化背景下的航空经济，国内学者所提出的航空经济特征主要有以下四个方面。

1. 开放性强

航空经济具有明显的开放性。与其他交通方式不同，航空运输不受地理空间条件限制，具有优越的通达性，航空制造业作为高端制造业，具有全球配置资源和采购生产的特征。在全球化经济大背景下，航空经济是高度开放的经济，表现为航空经济的生产过程具有开放性、市场具有开放性、人的活动具有开放性、信息流动具有开放性。

2. 高时效性

航空经济是基于航空活动而产生的一种经济形态，航空经济活动过程对航空运输有高度的依赖性，相对于其他运输方式，航空运输活动具有快速便捷、横跨空间大的基本特点，航空运输是速度最快、时间最短的运输方式，所以航空经济最突出的特点就是高时效性。在现代社会快速发展的过程中，人们的活动范围不断扩大，时间价值不断增加，尤其是在经济全球化背景下，人员、资本、货物的跨国流动，需要一种运输速度快、安全系数高的交通运输方式来承担，而航空运输则顺应了高时效性的要求。

3. 产业高端化

航空经济活动的全球性导致远距离运输成为一种常态，航空运输适合运输质量轻而价值大的产品，即具有高附加值和高技术性的产品。例如，与航空运输关联度高的消费类电子、生物医药、医疗和健康服务等产业和产品，都具有高附加值和高技术性的特征。从航空经济的产业形态看，航空运输带来大量的人流、物流、资金流、信息流，通用航空具有较强的高消费和服务多元化特征，航空制造业更是一个国家核心装备制造能力的体现，其关联的高技术产业和现代服务业有高附加值和高技术性的特征，均属于产业转型升级的重点，具有明显的产业高端化特征。2015 年国家发改委与民航局发布的《关于临空经济示范区建设发展的指导意见》中也明确提出，要依托航空货运网络，发挥产业和市场优势，积极引进和发展航空设备制造及维修、电子信息等高端制造业，发展壮大航空物流、专业会展、电子商务等现代服务业，促进专业化分工和社会化协作，打造各具特色的产业集群，推动产业创新升级，形成以航空运输为基础、航空关联产业为支撑的高端产业体系。

4. 绿色低碳

航空运输是一种绿色交通运输方式，航空运输占用土地资源较少，能源消耗相对较低。据统计，公路、铁路、民航的单位客运量占地面积的比例大致为 29:9:1。随着航空技术的发展，航空运输的燃油效率也大为提高，单位运输能耗低于公路运输。航空经济的发展，能够加强生态环境保护，促进绿色低碳循环发展，统筹处理好经济发展和生态环境保护的关系，使主要污染物排放总量得到控制，促进形成绿色低碳的生产生活方式，进一步改善生态质量。

二 航空金融相关研究综述

航空金融包括航空租赁、航空保险、航空物流金融、航空离岸金融等，已经成为航空运输大国的中国，航空金融市场潜力巨大。但是目前我国航空金融市场90%以上的业务被国外大型租赁企业垄断，航空租赁是我国航空金融的主要使用形式。本书此处对国内外学者基于航空金融和航空租赁的相关研究成果进行梳理。

（一）航空金融

金融对产业发展最直接的影响就是资金供给，一个国家国内可供投资的资金规模主要取决于国内的储蓄状况，进而受到国民收入水平的制约。

国内外学者在总结国内外实践经验的基础上，探讨了支持航空经济发展的航空金融相关概念及政策。英国经济学家 John Richard Hicks（约翰·理查德·希克斯）在 1969 年考察了金融对工业革命的刺激作用，认为工业革命不是技术创新的直接结果，而是金融革命的结果，真正引发工业革命的是金融系统的创新，通过向需要资本的大型项目融资，金融创新使这些技术得以实现并为经济增长做出贡献。美国经济学家（斯蒂格利茨）认为，金融约束是一种比金融抑制和金融自由化更具有吸引力的理论和模式，由政府出面制定并实施一种特定的、有差别的金融政策和制度安排比竞争性的金融政策和制度安排更有利于支持经济增长和产业发展。国内较早关注金融与产业问题的是刘世锦，他认为，金融发展的着眼点要放到促进产业发展上，提出金融改革和创新要有利于产业的升级和发展，要为产业提供更好的服务，并以此作为衡量金融改革和创新成功与否的主要标准。苗得雨（2008）探讨了金融发展和经济增长的关系，指出金融与经济增长存在明显的因果关系，金融安排的改进先行有利于经济运行不同的金融结构在为实体经济提供金融服务时各具比较优势。航空工业的可持续发展需要金融安排的改进先行，在民用航空工业发展的不同阶段，政策性金融、商业性金融、航空租赁、资本市场、金融政策、国家环境等不同的金融服务要素要采用不同的金融支持途径。要建立金融创新协调机制，完善金融政策，建立一套保障民用航空工业可持续发展的投资优化及风险分配机制。苗得雨认为，任何国家民用航空工业的发展都必须实现航空工业的产业资本与金融资本的紧密结合；在民用航空工业发展的不同阶段，金融支持的方式是不同的。在民用航空工业发展初期，要制定有利于其发展的金融、财政政策，为民用航空工业提供研发资金和产业启动资金，鼓励引导商业银行提供信贷支持，在政策允许范围内，吸引其他投资。在民用航空工业成长及扩张期，以证券为主的直接融资体系可以发挥整合产业资源的积极作用，募集产业发展的大量资金，对航空工业进行必要的重组和资源再分配，提高资源的利用效率。

丁勇、苟大舜（2013）从航空和金融的相关性角度来界定航空金融，认为航空金融有广义和狭义之分，广义的航空金融就是和航空产业相关的所有金融活动的集合，包括和航空产品直接和间接相关的货币兑换、结算和资金融通等各种有关的活动；狭义的航空金融是指具有明显航空产业特性的金融活动，主要是关于飞机的融资活动。他们提出，航空金融的研究重点应放在狭义航空金融的范畴，而航空金融发展的内容包括航空金融需求、航空金融市场规模、航空金融效率、航空金融市场中介、影响航空金融发展的因素等方面。

王静娅（2014）提出，国内外航空经济区和金融中心城市在空间分布上有高度的一致性和产业结构的相似性，航空中心与金融中心相互影响、相互渗透，因此要大力促进航空金融市场的发展，推动建设发展航空经济的区域金融中心。

陈萍（2015）基于产品生命周期理论分析了航空经济发展从形成期、成长期到成熟期三个阶段的不同特征和任务，提出航空经济三个阶段的金融支持模式应该是从“供给领先”到“需求跟随”。

郑豫晓、张欣（2015）从区域布局角度阐述了临空金融的概念，认为临空金融有广义和狭义之分。广义的临空金融是指依托于临空经济区的建设和发展，促进与临空经济区相关联的交通体系、以临空经济为引领的现代产业、现代航空都市建设等的发展并面向国内国际市场的一系列金融工具、金融制度与金融服务的系统性、创新性安排，是由向临空经济提供融资的金融机构、政府、企业、市场、社会中介机构等各种主体及其在临空经济融资过程中的行为活动共同组成的一个整体，是现代金融的创新和深度延伸。狭义的临空金融是指临空产业、临空相关产业与金融业联合发展形成的新兴金融业态，主要包括航空器材金融、临空物流金融、临空金融租赁、临空经济区离岸金融和临空文化金融等。

由此可知，航空指向性经济在概念上出现临空经济和航空经济，在支持航空指向性经济区域的金融范畴上，就相应有了临空金融和航空金融。临空金融研究的是对机场周边临空经济区发展的金融支持，侧重于区域经济角度；航空金融研究的是对航空经济产业发展的金融支持，航空经济本身已经超出一个简单的区域的范畴，所以更加侧重于航空产业角度。

（二）航空租赁是航空金融的主要形式

租赁是在约定的期间内，出租人将资产使用权让与承租人以获取租金的行为。租赁的主要特征是转移资产的使用权，取得使用权以支付租金为代价。根据租赁的目的，以与租赁资产所有权有关的风险和报酬归属于出租人或承租人的程度为依据，将租赁分为融资租赁和经营租赁两类。

1. 融资租赁与经营租赁是航空租赁的基本形式

融资租赁又称金融租赁，是设备租赁的主要形式，以融通资金为主要目的。融资租赁是指实质上转移了与资产所有权有关的全部风险和报酬的租赁，所有权最终可能转移，也可能不转移。在融资租赁下，承租人将租赁作为一种融资手段。融资租赁业务是现代租赁业的代表，是成熟市场国家重资产行业的重要融资工具之一。融资租赁具有两大典型特征，即租赁资产的所有权与使用权分离、融资与融物相结合。按照我国2013年10月1日实施的《融资租赁企业监督管理办法》表述，融资租赁直接服务于实体经济，对促进装备制造业发展、中小企业融资、企业技术升级改造、设备进出口、商品流通等方面有重要作用。经营性租赁是指一种短期租赁形式，以获得租赁物的使用权为目的，是出租人向承租人短期出租设备，并提供设备保养服务，租赁合同可中途解约，出租人需反复出租才可收回对租赁设备的投资。经营性租赁仅转移租赁资产的使用权，对该项资产所有权有关的风险和报酬仍然属于出租方，承租企业只按合同规定支付相关费用，承租期满的经营租赁资产由承租企业归还出租方。

2. 航空租赁是航空产业跨越式发展的主要支撑

随着我国进一步对外开放和中国民航的不断发展，在国家投资不足，企业自身国内融资能力弱，又面临高速发展产生巨大资金需求压力的情况下，飞机租赁为满足和促进中国民用航空业的持续快速发展做出了巨大贡献。在航空租赁快速扩张的背景下，学术界对航空租赁展开了研究。谭星禄、熊艳华（2003）分析了日本杠杆租赁，提出日本杠杆租赁方式是国内航空公司采用最多、时间最长的一种飞机租赁方式，这种融资结构使得出租人可用较少的投资而100%地法定享有该资产，最终达到在租期内将该资产全额提取折旧、利息支出等费用摊入当期损益，减少前期应税所得、延缓缴纳所得税获取净现值好处等目的。谷焕民、韩立岩（2007）提出航空租赁业的发展可以满足民航运输业的跨越式发展，改善民用航空制造业并振兴市场环境，主要的航空租赁形式分为融资租赁、经营租赁和杠杆租赁，他们认为发展我国航空租赁业的制度瓶颈包括法律与交易规则缺失、会计准则和税收条款不清晰、行业监管与市场准入复杂等。航空业是资金密集型行业，航空业的发展离不开金融租赁业的支持，王章留等（2013）通过对航空租赁业状况的分析，提出在我国的航空租赁市场中，90%的份额是由外资租赁公司所有的，呈现高度垄断的市场特征。而国内的航空租赁发展面临融资困难、税负重、担保成本高、专业人才匮乏等问题，需要通过提供各种优惠政策来加强航空租赁业的发展。耿明斋、张大卫（2015）等提出与航空经济最密切的融资租赁是航空租赁，航空租赁是融资租赁的主要形式，由于飞机单价高、投资回收周期长，融资租赁是飞机购置最常见的融资形式。他们认为航空租赁是航空公司从租赁公司（或直接从制造厂家）选择一定型号、数量的飞机，与租赁公司（或出租人）签订有关租赁飞机的协议。在租赁期内，飞机的法定所有者（即出租人）将飞机的使用权转让给承租人，承租人以按期支付租金为代价，获得飞机的使用权。航空租赁能够有效满足航空公司极度扩张的需求，缓解资金压力，改善航空公司的财务状况和经营压力，在一定程度上避免或者降低通货膨胀、汇率变动、经济危机等带来的风险；租金可摊入成本，可以享受减免税费的优惠；可享受一系列的优惠政策，包括减免增值税、预提所得税。王博、刘永余、刘澜飚（2015）探究了《巴塞尔协议Ⅲ》以及国内相关监管新标准对我国融资租赁业未来发展的影响，他们认为我国融资租赁业监管将在2015~2018年得到进一步规范和强化，制约金融租赁公司发展的主要原因是资本充足风险和流动性风险，租赁公司的主要风险是合规运营风险。

飞机租赁业助推航空产业和航空经济的快速扩张。章连标（1996）提出，我国民航飞机租赁的方式有美国投资减税杠杆租赁、日本杠杆租赁、贷款融资租赁等，认为日本杠杆租赁是我国民航飞机租赁的主要方式，提出经营租赁将成为飞机租赁发展最快的方式，且在未来的飞机租赁市场中，融资租赁仍将占有一定比例。章连标、宋卫星（2008）提出，制约我国飞机租赁业发展的主要因素是国家宏观政策的影响（如租赁公司无法直接购买飞机和税负过重等）、资金成本居高不下、二手飞机市场不完善、相关产业落后、相关人才缺乏等。孙蔚、苏立、席小虹（2008）认为，航空租赁公司可以通过融资模式筹措资金，这是航空租赁公司能否得以发展的重要环节，如政策性银行信贷支持、发行信托凭证、实施资产证券化等。他们提出了航空租赁公司的主要活动就是与飞机有关的贷款及证券业务。孟繁华（2014）认为，我国航空租赁发展相对滞后，表现在融资渠道不通畅，税负较重，担保渠道少、成本高等方面。石斌、李心愉（2015）提出，我国航空租赁公司面临的问题主要有因过度监管造成的境外融资困难，飞机融资的相关专业支持度差，融资渠道过于依赖贷款、融资成本高，资本市场融资未大量开发应用。吴桐水、罗先飞（2013）认为，应该鼓励通用航空租赁业发展，鼓励航空租赁企业拓宽融资渠道（如发行中长期债务融资工具、开展离岸金融业务、引导利用保险资金、引导鼓励设立专项通用航空基金），还要消除税收差异，实施税收优惠政策。

通过对以上国内外专家的相关研究及文献分析可知，我国航空经济的快速发展为航空金融业带来巨大的市场潜力，而航空金融创新和改革的着眼点应该放在促进航空产业的经济发展上。航空租赁是航空金融的主要形式之一，飞机的融资租赁、经营租赁是推动航空经济快速扩张的助推器。在这种背景下，分析促进航空经济进一步发展的金融创新和改革，就要围绕促进航空产业的快速安全运营为目标，我国的航空租赁企业还处于比较落后的地位，和发达国家相比还有巨大差距，航空租赁业的发展还没有与我国快速发展的航空经济相适应，还有很大的发展空间。

第二章

航空金融的发展状况

伴随着航空运输的飞速发展，中国成为世界上的航空运输大国，运输总周转量仅次于美国。航空业是典型的资本密集型产业，航空经济的快速发展离不开航空金融的大力支持。本章从航空经济的发展现状入手，阐述航空金融的发展现状、发展规律和未来发展趋势。

第一节　航空金融的发展现状

我国已经成为航空运输大国，在航空经济快速发展的过程中，蕴含着巨大的航空金融市场潜力。下面从阐述航空经济的发展现状开始，分析航空金融的发展现状。

一　航空经济的发展现状

航空经济的发展是一个长期的过程，一般首先表现为航空运输量的快速增长，再表现为以航空物流为代表的现代服务业和以消费电子、生物制药、航空装备器材制造等为代表的先进制造业在机场及周边区域的集聚，最后才表现为产业结构和空间布局的调整升级，出现城市形态及人们生活方式的多样化（耿明斋、张大卫等，2015）。

（一）航空运输量迅猛增长，规模迅速扩大

现阶段，随着中国经济总量的不断增大，开放程度的日益加深，经济全球化步伐的逐渐加快，我国航空经济进入快速发展时期，航空运输的业务量快速增长。

表 2－1　我国民航机场整体发展情况

单位：%

年份	GDP 增长率	旅客吞吐量增长率	货邮吞吐量增长率	起降架次增长率
2007	11.9	16.8	14.3	13.0
2008	9.0	4.7	2.6	7.2
2009	9.2	19.8	7.0	14.5
2010	10.4	16.1	19.4	14.3
2011	9.2	10.0	2.5	8.1
2012	7.8	9.5	3.6	10.4
2013	7.8	11.0	4.9	10.8
2014	7.4	10.2	7.8	8.4

资料来源：中国民用航空局《2007～2014 年全国机场生产统计公报》。

从表 2－1 可以看出，2007～2014 年，除 2008 年受次贷危机影响航空运输增幅放缓、低于 GDP 增速外，其余 7 个年份，航空运输的增长速度都远远超过 GDP 的增长速度。2013～2014 年我国民航机场主要运输指标如表 2－2 所示。

表 2－2　2013～2014 年我国民航机场主要运输指标

	2013 年	2014 年	比上年增长（%）
旅客吞吐量（亿人次）	7.54	8.32	10.3
其中：国内航线	6.91	7.61	10.1
国际航线	0.63	0.71	12.7

续表

	2013年	2014年	比上年增长（%）
货邮吞吐量（万吨）	1258.5	1356.1	7.8
其中：国内航线	830.0	885.5	6.7
国际航线	428.5	470.6	9.8
起降架次（万次）	731.5	793.3	8.4
其中：国内航线	678.7	735.0	8.3
国际航线	52.8	58.3	10.4

资料来源：中国民用航空局《2013～2014年全国机场生产统计公报》。

从旅客吞吐量分布看，所有通航机场中，年旅客吞吐量100万人次以上的有64个，比2013年增加3个，占全部机场旅客吞吐量的95.3%；年旅客吞吐量1000万人次以上的有24个（见表2-3），与2013年持平，完成旅客吞吐量占全部机场旅客吞吐量的76.2%；北京、上海和广州三大城市机场旅客吞吐量占全部机场旅客吞吐量的28.3%。从机场货邮吞吐量分布看，各机场中，年货邮吞吐量1万吨以上的有50个，与2013年持平，完成货邮吞吐量占全部机场货邮吞吐量的98.5%；北京、上海和广州三大城市机场货邮吞吐量占全部机场货邮吞吐量的51.3%。

表2-3 2014年旅客吞吐量千万人次以上机场的运输情况

机场	旅客吞吐量（人次）			货邮吞吐量（吨）			起降架次（次）		
	名次	本期完成	增长（%）	名次	本期完成	增长（%）	名次	本期完成	增长（%）
合计		831533051	10.2		13560841	7.8		7933110	8.4
北京/首都	1	86128313	2.9	2	1848251.5	0.2	1	581952	2.5
广州/白云	2	54780346	4.4	3	1454043.8	11.0	2	412210	4.5
上海/浦东	3	51687894	9.5	1	3181654.1	8.6	3	402105	8.3

续表

机场	旅客吞吐量（人次）			货邮吞吐量（吨）			起降架次（次）		
	名次	本期完成	增长（%）	名次	本期完成	增长（%）	名次	本期完成	增长（%）
上海/虹桥	4	37971135	6.7	6	432176.4	-0.7	7	253325	3.9
成都/双流	5	37675232	12.6	5	545011.2	8.7	6	270054	7.8
深圳/宝安	6	36272701	12.4	4	963871.2	5.5	4	286346	11.2
昆明/长水	7	32230883	8.6	9	316672.4	7.8	5	270529	5.9
重庆/江北	8	29264363	15.8	12	302335.8	7.9	9	238085	11.0
西安/咸阳	9	29260755	12.3	15	186412.6	4.2	8	245971	8.8
杭州/萧山	10	25525862	15.4	7	398557.6	8.3	11	213268	11.9
厦门/高崎	11	20863786	5.6	10	306385.0	2.3	12	174315	4.5
长沙/黄花	12	18020501	12.6	20	125037.8	6.3	14	152359	10.5
武汉/天河	13	17277104	10.0	17	143029.6	10.5	13	157596	6.1
青岛/流亭	14	16411789	13.1	14	204419.4	9.8	18	142452	9.8
乌鲁木齐/地窝堡	15	16311140	6.2	16	162711.3	6.2	19	142266	4.7
南京/禄口	16	16283816	8.5	11	304324.8	19.0	16	144278	6.9
郑州/新郑	17	15805443	20.3	8	370420.7	44.9	15	147696	15.5
三亚/凤凰	18	14942356	16.1	29	75645.8	20.2	24	102074	12.5
海口/美兰	19	13853859	16.1	22	121131.4	8.3	23	105861	12.1
大连/周水子	20	13551223	-3.8	19	133490.0	0.9	20	115284	7.0
沈阳/桃仙	21	12800272	5.7	18	138318.4	1.7	26	97172	5.3
贵阳/龙洞堡	22	12525537	19.6	26	82063.4	6.0	22	113424	21.1
哈尔滨/太平	23	12239026	19.3	23	106559.8	15.4	25	97746	15.6
天津/滨海	24	12073041	20.3	13	233358.6	8.8	21	114557	13.7

资料来源：中国民用航空局《2013～2014年全国机场生产统计公报》。

航空运输量的快速增长以及规模的迅速扩大，为以航空物流为代表的现代服务业以及以消费类电子为代表的先进制造业等航空经济支柱产业在机场及机场周边的集聚奠定了基础，也推动了航空经济形态的进一步丰富和完善（耿明斋、张大卫等，2015）。

（二）航空经济蓬勃发展

在航空运输快速增长的背景下，航空相关产业快速在机场周边集聚。1992 年 5 月西南航空港经济开发区成立，四川省成为第一个发展航空港经济的省份。此后北京、上海、广州等城市陆续启动了临空经济区、航空港经济区等航空经济区建设发展规划。2004 年以后我国航空经济进入快速发展时期，大部分省份都结合自身优势提出发展机场引领下的航空经济发展战略，国内航空经济区域得到快速发展。2012 年 7 月 8 日，国务院发布了《国务院关于促进民航业发展的若干意见》提出，我国民航业发展的任务之一是“要大力推动航空经济发展，通过民航业的科学发展促进产业结构调整升级，带动区域经济发展。鼓励各地区结合自身条件和特点，研究发展航空客货运输、通用航空、航空制造与维修、航空金融、航空旅游、航空物流和依托航空运输的高附加值产品制造业，打造航空经济产业链。选择部分地区开展航空经济示范区试点，加快形成珠三角、长三角、京津冀临空产业集聚区”。

截至 2014 年年底，全国有 62 座城市依托 54 座机场，规划了 63 个临空经济区。中国旅客吞吐量在 1000 万以上的机场所在地区全部规划了临空经济区，旅客吞吐量在 500 万～1000 万的机场中有 77% 的机场所在地区规划了临空经济区，很多地方政府将加快机场建设发展、建设航空经济区视为城市转型发展的关键。北京、上海、天津、广州等地的航空经济进入相对成熟的发展阶段，成都、郑州、重庆、杭州、深圳等地的航空经济进入快速发展阶段，初步形成了以北京、上海、广州为中心，以成都、郑州、天津等城市为骨干，其他城市为补充的航空经济发展格局。各地在发展航空经济的过程中，因地制宜、突出优势，产业设置各有侧重，逐步探索出了以航空制造、IT 产业、旅游休闲、现代服务业、航空物流为主导的多种模式的航空经济形态。

（三）郑州航空港经济综合实验区的产业辐射效果显现

2012 年 11 月 17 日，国务院批复《中原经济区规划》，同意规划建设郑州航空港经济综合实验区。2013 年 3 月 7 日，国务院正式批复了《郑州航空港经济综合实验区发展规划（2013—2025 年）》，郑州航空港经济综合实验区就成为全国首个上升为国家战略的航空经济发展区域。航空经济的蓬勃发展，促进了航空类企业在机场周边高效配置，借助于吸引周边高新技术产业带形成的稳定货源和旅客群，成为区域经济发展的新增长极，推动了所在区域产业结构的优化升级，带动了当地主导产业及相关产业的快速发展。

2011 年以来，郑州航空港经济综合实验区的货邮吞吐量年均增速 37.8%，连续 3 年增速全国第一。郑州航空港经济综合实验区网站（www.zzhkgq.gov.cn）显示，2015 年，郑州新郑国际机场开通航线 171 条，全货运航线 34 条（其中全货运国际航线 30 条），居全国第三、中西部第一，形成了以郑州为中心覆盖全球主要经济体的航线枢纽网络。旅客吞吐量达到 1729.7 万人次，五年实现了翻番，居全国第 17 位；货邮吞吐量 40.33 万吨，五年增长 3.7 倍，排名升至全国第 8 位。国际货运飞速增长，已超过国内货邮量。美国 UPS、FedEx、德国 DHL、俄罗斯空桥等国际航运巨头纷纷在郑州航空港区安营扎寨。2015 年全区完成生产总值 520.75 亿元，是 2010 年的 6 倍，同比增长 22.5%，高于全国 15.6 个百分点，高于全省 14.2 个百分点。规模以上工业增加值完成 429.9 亿元，是 2010 年的 11 倍，同比增长 26.0%，高于全国 19.9 个百分点，高于全省 17.4 个百分点。其中富士康完成增加值 412.1 亿元，同比增长 25.5%，占规模以上工业增加值 95.9%；固定资产投资完成 521.75 亿元，是 2010 年的 14.2 倍，同比增长30.2%，高于全国20.2个百分点，高于全省14.6个百分点；社会消费品零售额完成83.01亿元，同比增长14.7%，高于全国4个百分点，高于全省2.3个百分点。各项指标都远高于全国、全省平均水平，显示了航空经济发展对内陆地区对外开放的重要拉动作用。目前，郑州航空港经济综合实验区已经吸引了大批航空偏好型、外向型产业集聚，以精密仪器、电子信息产业为主的高端制造业、生物医药产业及物流等现代服务业快速发展。最有代表性的是智能终端产业，手机产业园集聚了119家智能终端产业链企业，2015年郑州航空港区智能手机整机产量达2亿部，实现全球每7部手机中有1部“郑州造”。

郑州航空港经济综合实验区已入住50万人口，宾馆、饭店、商场、学校、医院等基础设施齐全，随着郑州跨境贸易电子商务综合试验区获准批复，郑州空港机场二期工程投入使用，郑州、开封、焦作等地城际轻轨直达机场T2航站楼，世界葡萄酒国际贸易中心的落户等，郑州航空港经济综合实验区的经济辐射力和对当地经济发展的拉动能力会更强。

二 航空金融的发展现状

现代融资租赁业产生于1952年的美国加利福尼亚州。1952年，美国加利福尼亚州一家小型食品加工厂的经理亨利·斯克费尔德创建了美国租赁公司（现更名为美国国际租赁公司），被公认为是世界上第一家现代意义上的融资租赁公司，开创了现代租赁的先河。主营业务是根据顾客的需要从其他制造商处购进设备，再租赁给顾客。20世纪60年代，融资租赁业进入发达国家并逐步国际化。20世纪70年代中期，融资租赁开始在亚非拉等发展中国家普及；20世纪70年代至90年代，伴随全球经济的增长，世界租赁业得到了空前的发展，世界融资租赁业务额年均增长30%，并逐渐成为金融市场中与银行信贷、证券投资并驾齐驱的主要金融工具之一。

（一）航空租赁业高速扩张，银行系租赁公司发展迅速

1980年，经中国国际信托投资公司推荐，民航总局与美国汉诺威尔制造租赁公司和英国劳埃德银行美国分行合作，首次采用杠杆租赁方式从美国引进一架波音747SP大型飞机，标志着我国飞机融资租赁业务的开始。截至2014年6月底，全国登记在册的融资租赁公司由2007年的93家增长到1350家，累计增长了13.52倍；融资租赁公司的注册资金由2007年的约400亿元增长到4040亿元，累计增长了9.1倍；融资租赁业务量共计约26000亿元，比2007年240亿元的总量增长了107.3倍。

我国民航航空租赁的历史比欧美国家晚了20多年。20世纪80年代，我国引入融资租赁，并逐渐走向规范化发展的轨道。2000年，深圳金融租赁有限公司（国开行下国银金融租赁的前身，简称“深圳金融租赁”）涉足航空租赁业务，成为我国首家开展航空租赁业务的本土租赁公司。2007年3月，银监会发布《金融租赁公司管理办法》，规定国内和国外商业银行可以在中国设立或参股金融租赁公司，随着商业银行进入融资租赁业，我国融资租赁业进入了高速发展阶段，表现在我国的航空租赁机构数量大幅度增加、融资租赁业务总量迅速扩张。我国陆续成立了中银航空租赁私人有限公司、国银金融租赁有限公司、工银金融租赁有限公司、交银金融租赁有限责任公司、民生金融租赁股份有限公司、中国飞机租赁有限公司、天津渤海租赁股份有限公司、中航国际租赁有限公司、奇龙航空租赁有限公司等航空金融租赁公司，形成了包括独立租赁公司、商业银行所属租赁公司、航空公司所属租赁公司及飞机制造商所属租赁公司在内的四大类租赁公司，占据了国内航空租赁市场80%以上的新增飞机租赁业务，飞机租赁业务市场规模已经超过9000亿元，注册资本超过50亿元的公司有5家。截至2015年6月末，全国39家金融租赁公司的航空租赁业务资产规模约为2000亿元，行业机队规模超过900架，客户遍及国内主要航空公司以及部分国外航空公司。其中境内航空公司已经突破了460家，约占整个国内民航机队规模的20%。在当前我国振兴航空制造业特别是大飞机成功研制和商业推广的关键时期，金融租赁为国产飞机的制造和销售提供了有力的支持，大大提升了国产飞机的竞争能力。

（二）天津、上海成为航空租赁聚集地

天津东疆保税港区是飞机租赁的集散地之一、国家首个飞机租赁试点区，是全国唯一允许融资租赁货物出口退税的试点区域，已发展成为我国最大、最主要的飞机融资租赁聚集地，航空金融业务快速提升，逐步形成具有全国领先优势的东疆租赁品牌。2013年以来，天津东疆保税港区交付的飞机数量占我国以租赁贸易引进飞机数量的90%，成为我国的飞机租赁中心。截至2014年10月底，天津东疆保税港区共注册租赁公司793家，其中注册的飞机租赁公司已超过500家，东疆区内融资租赁企业共推动完成428架飞机（含大飞机279架、公务机110架、训练机22架、直升机17架）的航空租赁业务。作为中国北方的飞机租赁中心，东疆保税港区先后开发了飞机保税租赁、单机公司租赁、资产包租赁、航空器经营租赁、飞机出口租赁、飞机离岸租赁、设备出口租赁、境外筹措外债租赁、跨境人民币结算租赁、境内外双SPV模式租赁等多项新产品，提升了国内租赁业的整体水平，打破了租赁市场长期被外国租赁企业垄断的局面。

上海自贸区成立后，实施一系列优惠政策，促进了航空融资租赁产业在自贸区内的快速增长。例如，允许融资租赁公司兼营与主营业务相关的商业保理业务、跨境人民币及外汇的改革创新举措、允许和

支持各类融资租赁公司在区内设立项目子公司开展境内外租赁服务等政策。截至 2014 年 11 月底，上海自贸区内已累计引进 264 家境内外融资租赁母体公司和 314 家项目子公司（即 SPV 项目公司），累计注册资本超过 847.6 元亿人民币，上海自贸区也成为国内融资租赁产业最集聚的区域之一。

（三）多种租赁融资方式并存，杠杆租赁方式使用广泛

飞机融资租赁是出租人购买承租人（航空公司）选定的飞机，享有飞机所有权，并将飞机出租给承租人在一定期限内有偿使用的一种具有融资、融物双重职能的租赁方式。租期届满，承租人可以续租，也可以按市场价格或固定价格优先购买，或者按规定条件把飞机偿还给出租人。航空租赁的基本方式是融资租赁和经营租赁，以此为基础，衍生出多种租赁形式。融资租赁有多种做法，租赁方式的选择与投资人状况、国家税收政策、政治外交关系等外部环境密切相关。这里主要阐述我国目前航空租赁领域使用最广泛的杠杆租赁方式。

1. 美国杠杆赁租

美国是现代融资租赁的诞生地，其飞机融资租赁的杠杆租赁模式具有典型代表意义。美国杠杆租赁包括七类参与人，即飞机制造商、出租人、贷款人、承租人、物主参与人、物主受托人、契约受托人。在这种租赁模式中，出租人只需投资飞机购买价格 20% ~40% 的资金，其余的大部分资金则以出租人的名义借贷取得，同时，出租人必须以飞机作抵押并将有关权益转让给贷款人，这样，出租人即可拥有飞机所有权，享有如同对飞机完全投资的同等税收待遇，并将一部分减税优惠以降低租金的方式转让给承租人，从而使承租人获得较低的融资成本。

2. 日本杠杆租赁

国内航空公司采用最多、时间最长的一种飞机租赁方式就是日本

杠杆租赁，这种方式也为其他亚洲、欧洲以及美国的航空公司所广泛采用（谭星禄、熊艳华，2003）。日本杠杆租赁交易中的购机款由两部分构成，80% 为贷款部分，另外 20% 为日本投资人的股权投资。出租人必须是在日本登记注册的从事飞机融资租赁的公司，投资人由中小企业合伙构成，通过与出租人签订合同，投资飞机价值的 20%，成为投资飞机的经济受益人，可按相应比例享有减税利益，并使承租人的租金较低。这种租赁方式使得出租人可用较少的投资而 100% 地享有该资产，最终达到在租期内将该资产全额提取折旧、利息支出等费用摊入当期损益，减少前期应税所得、延缓缴纳所得税获取净现值好处等目的。这些好处通常以降低航空公司租期内应付租金的形式部分地转移给承租人。

飞机租赁形式的发展，打破了融资租赁和经营租赁的固定模式，体现了融资租赁和经营租赁的优势互补。

（四）融资租赁由售后回租转向 SPV 租赁

依据 2014 年 3 月 13 日银监会发布的《金融租赁公司管理办法》，融资租赁是指出租人根据承租人对租赁物和供货人的选择或认可，将其从供货人处取得的租赁物按合同约定出租给承租人占有、使用，向承租人收取租金的交易活动。融资租赁适用的对象是固定资产。

售后回租是一种特殊的飞机租赁方式，是指承租人将自有物件出卖给出租人，同时与出租人签订融资租赁合同，再将该物件从出租人处租回的融资租赁形式。售后回租业务的承租人和供货人为同一人。2014 年前，我国政策不允许飞机租赁企业直接订购进口飞机，只能先由航空公司引进后将其买入，再租赁给航空公司，因此当时较多地采用售后回租方式进行航空租赁。2013 年年底，我国发布的《关于加快飞机租赁业务发展的意见》明确规定，允许飞机租赁公司直接订购进口飞机，租赁企业享受与航空公司进口飞机同等税收优惠待遇，因此飞机租赁业务更多地通过SPV租赁进行。

SPV（Special Purpose Vehicle），特殊目的的载体也称为特殊目的公司，可以是一个法人实体、一个空壳公司，也可以是拥有国家信用的中介。SPV租赁公司，是指融资租赁公司依据国家有关法律法规在境内保税地区为从事融资租赁业务并实现风险隔离功能所专门设立的租赁项目子公司。SPV租赁，是通过设立特定租赁公司对特定租赁物进行租赁运营的融资租赁行为。融资租赁公司通过设立SPV，将单架飞机作为租赁标的物，出租给承租人营运，这种方式有效隔离了风险，提高了融资租赁公司的生存及竞争能力，已经成为国际通行的大型设备的融资租赁方式。目前我国的飞机租赁一般是通过东疆保税港或上海自贸区，采用单机SPV方式引进，不仅能享受保税区的优惠政策，还能有效隔离风险，提高租赁公司的竞争能力和风险抵抗力。

（五）航空租赁市场渗透率与国际市场差距巨大

在融资租赁高速扩张的同时，融租租赁的市场渗透率与国际市场差距巨大。融资租赁市场渗透率是指租赁交易总额占固定资产投资总额比例，是反映一国融资租赁市场成熟度的重要指标，在一定程度上能够反映融资租赁对固定资产投资的贡献程度。根据《世界租赁年鉴》统计，目前发达国家融资租赁的市场渗透率大约在15%～30%。例如，美国2011年融资租赁市场渗透率超过22%，我国2007～2012年融资租赁市场渗透率分别是0.17%、0.90%、1.65%、2.52%、2.99%和4.14%，尽管这一比例有所提高，但和发达国家的平均水平比较还有巨大差距，还处于比较落后的地位，说明融资租赁业的发展仍然没有与我国快速发展的航空经济相适应，还有很大的发展空间。

（六）国内租赁公司所占市场份额很低

我国引进的飞机绝大多数是通过外国的飞机租赁公司。通用电气金融航空服务公司、国际租赁金融公司等外资飞机租赁公司在机队规模、业务模式、运营管理经验、国际市场化网络上等具有垄断优势，在我国市场上的份额达到90%，资产规模远远超过其他租赁公司，国内租赁公司所占市场份额很低。

第二节　航空金融的发展规律

经济与金融的发展之间存在着大致平行的关系。在航空经济发展的不同阶段，产生的金融需求不同，金融业的服务水平也不同。下面结合航空经济的发展模式，阐述航空经济阶段性发展中航空金融的发展规律。

一　航空经济的发展模式

从国内外航空经济区的实践来看，航空经济的发展模式有多种，依据各自地域的经济发展水平、产业结构差异、地理区位优势、自然资源禀赋、政府扶持政策等的影响和制约，不同的航空经济区把本地的各种要素进行资源优化配置并与航空经济发展层次有效结合。如北京采用的是大型枢纽机场带动下的航空经济发展模式，天津采用的是航空制造带动上下游产业发展的模式，郑州采用的是航空引致产业带动下的发展模式，还有上海虹桥模式，以及通航制造、研发等产业带动的临空经济模式等。但归纳起来，航空经济的发展模式主要有三种，即枢纽驱动发展模式、航空制造业驱动发展模式和现代服务业驱动发展模式。

（一）枢纽驱动发展模式

枢纽驱动发展模式，是指以大规模的航空流量和发达的航线网络为支撑，充分利用大型枢纽机场优良的空运区位、强大的中转功能、巨大的容量所带来的航空客货在航空经济区内大规模集散形成的要素流动、重组、整合和运作，从而吸引生产性和生活服务型产业入驻的航空经济发展模式（耿明斋、张大卫等，2015）。这种模式下，一般以第三产业为主导产业，生活性服务业、生产性服务业、总部经济等得到蓬勃发展，带动周边经济的增长。

荷兰的史基浦机场航空经济区是枢纽驱动发展模式的典型代表。荷兰阿姆斯特丹的史基浦机场是荷兰的空中门户、欧洲的配送中心，是欧洲的重要航空枢纽之一。史基浦机场是全球最早规划航空城的机场，以航空产业为基础，实施三次产业的联动发展。目前，拥有100多条航线、超过200个目的地，在机场周边集聚了500多家企业，已经形成物流园区、商务区、航天航空产业园区三大板块，成为一个综合性的航空经济区，既有集商务运营、产品开发、高新技术研发等的横向关联产业集聚，也有以电子产品开发制造为核心而向下游拓展的产品销售、现代物流产业链接的纵向关联产业集聚，还有发达的海陆空交通网络。同时，航空经济区还带动了区域购物、休闲、娱乐、餐饮等现代服务业的快速发展，成为区域交通运输网络枢纽、人流和物流的集散地，属于综合性枢纽驱动的多元化发展模式。

（二）航空制造业驱动发展模式

航空经济发展的航空制造业驱动发展模式，是指以飞机总装制造为龙头，在机场周边形成以航空制造产业集群为主导的航空经济发展模式。飞机制造业的产业链较长，而飞机总装是飞机制造的核心生产活动之一，可以吸引飞机总装相关的供应商以及下游服务产业聚集在机场周边。

天津航空经济区就是航空制造业驱动发展模式的典型代表。天津航空经济区，是第一个位于欧美以外的空客飞机总装线海外总装厂所在区域，依托中国民航大学的科研资源和天津滨海国际机场的便利条件，着力打造航空制造产业链条，形成先导产业集群，其对航空制造产业的发展定位是，亚洲最具活力的民机集成总装制造基地，国内最大的空管、机场设备研发制造基地，以国际合作为特色的航空产业链条创新基地。天津航空经济区以 A320 总装线和航空货运业为核心驱动要素，围绕这两大核心驱动要素，以空客 A320 和大推力火箭运载基地为契机，天津航空产业区大力发展航空航天产业。目前，天津航空经济区吸引了 1000 多家企业落户，优势产业成长壮大，聚集了一批龙头项目。航空产业有空客、古德里奇、PPG、泰雷兹、左迪雅戈、英德拉、中航直升机、西飞机翼、海特、航新、金鹰直升机、亚联公务机、中航产业基金等项目。此外还有中兴通讯、中国移动、中国联通等电信产业，有软通动力、神州数码、美国 CSC、沃尔沃 IT 等软件和服务外包项目，阿尔斯通、加拿大铝业等装备制造项目，中航直升机、中远控股、海航集团、中节能投资等总部经济项目。航空制造产业的发展，极大地刺激了天津航空货运的扩张，又大力推动了航空物流产业发展，吸引了国内外航空物流企业和物流地产商入驻，促进了天津航空经济区内的商务、工业旅游、会展、临空总部、航空枢纽服务业等航空服务业的快速发展。

（三）现代服务业驱动发展模式

依托航空运输业，现代服务业在机场周边得到了快速发展。现代服务业主要包括现代物流、通信服务、公共仓储、电子商务、文化娱乐、会议展览、金融保险、休闲旅游餐饮旅馆等。以现代服务业为主导的航空经济发展模式包括航空运输驱动发展模式和航空物流驱动发展模式。

1. 航空运输驱动发展模式

航空运输驱动模式指的是通过国际综合性航空枢纽的强大航空运输网络的辐射力来驱动航空经济发展的模式。这类航空经济区都是在航空运输网络、航空产业价值链网络、空港新城国际化等方面具有较高的国际级影响力、控制力和中心功能的机场周边地区。

韩国仁川国际机场航空经济区是航空运输驱动发展模式的典型代表。仁川国际机场2001年投入运营，是韩国最大的民用机场，是定位于国际航空枢纽且运行非常成功的全球重要国际航空枢纽。机场坐落在韩国著名的海滨度假城市仁川广域市西部的永宗岛上，自然条件优越，绿化率30%以上，环境优美舒适，整体设计、规划和工程都本着环保的宗旨，被誉为“绿色机场”。仁川国际机场是韩国国际客运及货运的航空枢纽，连续10年获得国际机场协会调查的“全球服务最佳机场”第一名。目前，仁川国际机场是全球第三大国际货运机场、第九大国际客运机场，共有88家航空公司，航线网络遍布全球54个国家、通航194个城市。2014年，仁川机场旅客吞吐量4551万，其中国际旅客吞吐量4491万，占98.68%；货物吞吐量255.77万吨，其中国际货物吞吐量255.75万吨，占99.99%。仁川机场经营盈利状况较强，2014年，机场营业收入约合15.43亿美元，净利润率35.25%，整体赢利能力非常强大，远高于行业平均水平。在收入结构中，航空收入只占36.27%，非航收入占63.73%，这种非航收入高比例的收入结构保障了机场的低负债和高盈利。

2. 航空物流驱动发展模式

航空物流驱动发展模式指的是利用机场便利的运输条件，通过在机场货运区、物流区、产业区之间供应链的物流驱动，在机场周边形成的以航空物流、航空高科技产业集群为主导的航空经济发展模式。

美国孟菲斯机场航空经济区是航空物流驱动发展模式的典型代表。孟菲斯机场是美国的物流配送中心，是世界上最大的航空物流基地，拥有世界领先的货运市场、五个一级铁路、美国第四大内河港、七条美国国家及州际高速公路交会，这些条件可以为企业提供更低的运营成本和更加灵活的企业运作。美国孟菲斯机场航空经济区已形成了以航空物流产业为核心的航空经济区。孟菲斯航空经济区聚集了一批世界知名的航空物流企业，世界上最大的航空物流企业联邦快递公司的总部设在孟菲斯，其他世界知名的航空物流企业如美国联合包裹公司（UPS）、敦豪国际航空快件有限公司（DHL）等都在机场设有航空物流机构。FedEx、UPS 等大公司拥有庞大的全货机队和快递配送网络，在美国境内任何两个城市和居民点之间可以做到 24 小时内送货上门。围绕航空物流，孟菲斯机场航空经济区集结一批相关的商务机构，使之成为世界航空物流规模最大、货运效率最高、服务设施最齐全的航空经济区。目前，孟菲斯航空经济区逐渐发展壮大，在物流业基础上，发展形成了集轻工业区、办公商务区、高档零售区、商务酒店、餐饮服务、娱乐休闲健身等于一体的航空经济区。

二 航空金融的发展规律

从国内外航空经济区发展的实践情况看，航空经济区的形成及发展带有明显的阶段性特征，大多经历了由运输经济到航空产业集聚再到城市经济三个发展阶段。金融发展同航空经济之间联系紧密、互相影响，在航空经济的阶段性发展中，航空金融的发展具有明显的规律性。金融发展水平会随着航空经济的演进而变化，金融服务水平相应提升；而金融发展水平的不断提升，又会反过来促进航空经济的发展。在航空经济发展的不同阶段，航空产业产生的金融需求类别不同，造成航空金融的这种演变也具有一定的规律性，即从航空金融形成期的政府主导下的供给领先到航空金融成长期的需求跟随，再到航空金融发展成熟期的市场主导下的供给领先。

（一）运输经济阶段（20 世纪 50～60 年代）

航空经济区是民航业与区域经济相互融合、相互促进、相互提升的重要载体，航空运输业对促进国家和地区的经济发展发挥着重要作用，在航空运输业带来的经济效益中，属于航空运输企业的只有一小部分，更大的部分体现在对相关产业的推动上。

运输经济时期属于航空经济的形成期。在这个发展阶段，航空经济区的经济发展完全依赖于航空运输，如对机场的规模、航线数量和客货吞吐量等有严重依赖性，航空产业以传统制造业为主，临空指向较弱；服务于机场的航空服务业形成，但是功能简单；航空产业相对独立，缺乏产业关联度；航空产业主要分布在机场空港区和紧邻空港区。此时航空经济对区域经济的影响主要体现在航空运输以及相关产业带来的直接经济收入和拉动就业上。此时，航空经济发展的核心任务表现在三个方面，首先是改善经济发展软环境和硬环境，如提升机场通达性、改善区域综合交通基础设施建设；其次是提供保障航空经济发展的产业资源，如土地拆迁、农户安置、就业等；最后是促进区域产业的航空化转型，如吸引航空偏好企业入区等。这个时期产生的金融需求有航空基础设施建设的金融需求、保障航空产业长远发展的金融需求、吸引航空产业的金融需求、入驻企业的研发资金需求等。这个时期，航空经济的支撑条件相当薄弱，而发展需要的基础设施等投资额又相当巨大，需要政府通过支持或创办金融机构，来为航空经济发展提供全面的金融产品和服务。因此，在航空经济的金融形成阶段，金融支持应该实施政府主导下的供给领先，强调发挥政策性金融的支持和引领作用，扶持航空经济的发展。

（二）航空产业集聚阶段（20 世纪 70 ~ 80 年代）

20 世纪 70 年代开始，世界新技术革命兴起，航空运输得到快速发展，一方面新兴的高新技术产业不断涌现，高新技术产业产品的特性决定了其对航空运输有较强的依赖性和巨大的需求；同时，航空运输业的发展、功能的完善、航线网络覆盖面的提高等，进一步提高了机场的航空运输供给能力；随着航空产业及服务业在机场周边的集聚，客货流量大幅度增加，相应加快了物流、快递、金融业、广告、会展、零售等产业的发展和集聚，在机场周围形成多样化的航空指向型产业集群。

这个阶段属于航空经济的成长阶段，航空经济区的产业以高新技术产业为主，航空指向显著，航空服务业发展迅速。航空经济发展的核心任务表现在两个方面，首先是升级和优化航空产业链，促进航空指向型、特色产业的高端化和综合化，支持教育、培训和研发技术中心的建设；其次是培育和完善航空产业集群。相应产生的金融需求，一是为保证入驻企业和居民生活所需要的生产生活设施投资，二是航空关联产业与航空主导产业规模化生产形成的资金需求，三是航空人才的金融需求。此时，航空产业的金融需求通过金融市场表现出来，由金融机构参与完成，提供不同阶段所需要的金融产品，满足航空经济的需要。在这个航空经济的金融成长阶段，金融与经济出现紧密的良性互动并不断融合，金融支持应该采用需求跟随，保障航空经济的健康成长。

（三）城市经济阶段（20 世纪 80 年代至今）

自 20 世纪 80 年代始，伴随着经济的发展和航空运输业的进步，航空经济区与周边区域进一步融合并协调发展，区域功能不断完善，带动航空产业、航空相关产业、服务业等大发展，航空经济区成为区域经济发展的新的增长极（耿明斋、张大卫等，2015）。这是航空经济发展的成熟阶段，航空经济与区域经济协调发展，呈现多功能、多层系、综合开发、快速发展的特征。

这个阶段航空经济发展的核心任务有两个，首先是要形成有全球竞争力的航空产业生态系统，营造航空制造业和航空物流业品牌；其次是创建区域产业创新网络，为企业提供公平有序的竞争环境和氛围。相应产生的金融需求，主要是成熟企业转型和企业技术创新带来的资金需求。

这是航空经济的金融成熟期，航空金融得到极大的发展，金融机构及相关金融服务更加敏感，能先于航空产业提出金融需求之前，提供并引导航空产业相应的金融需求，产生供给领先。因此，金融机构会按照市场原则，将金融资源最大限度地配置到航空经济发展的各个方面。此时，航空金融应该遵循市场主导下的供给领先，进一步面向国内外市场发展，使其金融服务范围和影响力辐射全球，以保障航空企业长远发展的需要。航空金融发展的这种规律性如表 2 –4 所示。

表 2 –4　航空金融发展的规律

	金融需求的表现	航空金融的特征
形成期	航空基础设施建设的金融需求；保障航空产业长远发展的金融需求；吸引航空产业的金融需求；入驻企业研发资金需求	政府主导下的供给领先
成长期	入驻企业和居民所需的生产生活设施投资金融需求；航空关联产业与航空主导产业规模化生产形成的金融需求；航空人才的金融需求	需求跟随
成熟期	成熟企业转型和技术创新引发的金融需求	市场主导下的供给领先

资料来源：陈萍：《航空经济发展的金融需求分析——基于“供给领先”和“需求跟随”的金融发展理论》，《金融理论与实践》2015 年第 1 期。

第三节　航空金融的发展趋势

为了促进我国航空金融和航空租赁业的发展，近年来，国家出台了一系列扶持文件。2012 年 7 月，国务院出台了《关于促进民航业发展的若干意见》，明确了民航业的战略地位，提出了改善金融服务、支持民航发展的政策导向。2013 年 12 月，《国务院办公厅关于加快飞机租赁业发展的意见》发布，旨在通过七项政策措施以及“三步走”的战略，加快我国飞机租赁业发展，使我国在2030年以前，成为全球飞机租赁业的重要聚集地。2014年5月，发布了《关于租赁企业进口飞机有关税收政策的通知》，租赁企业进口飞机并租给国内航空公司使用的，享受与国内航空公司进口飞机同等税收优惠，航空融资租赁业务的税收优惠力度加大。2014年7月，《金融租赁公司专业子公司管理暂行规定》出台，规定了金融租赁公司设立境内专业子公司应当具备的条件，进一步完善了金融租赁公司专业子公司管理。2014年7月，《国务院关于加快发展生产性服务业促进产业结构调整升级的指导意见》发布，提出融资租赁是我国重点发展的生产性服务行业之一，要建立健全融资租赁业体系。2014年9月，发布《关于在全国开展融资租赁货物出口退税政策试点的通知》，将天津东疆保税港区试点的融资租赁货物出口退税政策扩大到全国统一实施。2015年1月，《商业银行委托贷款管理办法（征求意见稿）》明确商业银行委托贷款业务。2015年1月，天津出台《关于加快我市融资租赁业发展的实施意见》，从提高行政效率，全面搞好服务、做好租赁物权属登记公示查询，保护当事人合法权益、加大金融支持力度，便利融资租赁企业融资与发挥中介机构和行业协会作用四方面提出多项具体措施，天津融资租赁规模扩大。

今后20年，中国民航需要6020架飞机，价值8700亿美元，中国的航空金融租赁市场潜力巨大，这是我国飞机市场开拓和航空制造业转型升级的关键时期，是我国飞机租赁业发展的黄金时期，航空金融产业和飞机租赁将推动航空制造、航空运输、通用航空以及航空金融业快速健康发展。我国航空金融业的发展会出现下列趋势：一体化的金融管理政策、多元化的金融融资渠道、综合化的金融业务服务、科学化的金融风险控制和复合型的航空金融人才需求。

一　航空金融管理政策一体化

融资租赁作为贸易与金融的有机结合体，业务涉及多个政府部门。融资租赁行业综合性较强，更需不同级别政府、政府不同部门间的政策协同。例如，我国的飞机租赁业务跨界特性突出，涉及的政府部门就有国家发改委、国资委、商务部、税务局、海关、外汇管理局等，这就需要倡导政府强调制度化、经常化和有效的跨界合作，政府要将飞机租赁作为国家经济发展的重要战略方向，积极出台各项政策来协调税收、法律、海关、金融等部门，为飞机租赁提供综合配套的专业服务。上海自贸区提出，要转变政府职能，提倡“整体政府”，建立一口受理、综合审批和高效运作的政府服务模式，实现不同部门的协同管理机制。天津东疆通过设立联合监管委员会，提升飞机租赁业务效率。

二　航空金融融资渠道多元化

传统的租赁结构由单家租赁公司完全出资并承担风险，目前我国航空租赁公司业务资金 80% ~90% 均来自银行信贷。而飞机产业的单项目资金需求额巨大，因此可以联合租赁、转租赁、杠杆租赁等参与租赁业务。出资人的筹资渠道也可以由银行贷款的单一渠道融资走向多元化筹资，从而分散风险，降低综合成本。依据国务院办公厅 2015 年《关于促进金融租赁行业健康发展的指导意见》，符合条件的金融租赁公司可以上市和发行优先股、次级债，丰富其资本补充渠道，并通过发行债券和资产证券化等方式多渠道筹措资金，同时研究保险资金投资金融租赁资产，积极运用外汇储备委托贷款等多种方式，加大对符合条件的金融租赁公司的支持力度。引导各类社会资本进入金融租赁行业，促进互联网金融与航空金融的有机结合，支持民间资本发起设立风险自担的金融租赁公司，建立形式多样的租赁产业基金，为金融租赁公司提供长期稳定资金来源。

三 航空金融业务服务综合化

我国航空金融业是一个新兴产业，面临着激烈的竞争，随着航空经济的快速发展，航空金融业会在开拓中不断得到提升。航空租赁行业将会呈现综合型与专业型发展趋势，航空租赁服务将会出现以金融租赁为核心的跨界商业运作，形成以租赁为载体，整合内外部资源和政策，为航空实体产业提供配套的综合性金融服务。航空金融企业在为航空公司提供飞机租赁服务的过程中，需要设计面向不同阶段需求的全方位金融服务。例如，在飞机的购置阶段，通过金融运作降低飞机购置成本，降低交易成本；在飞机的使用阶段，通过金融服务降低飞机的维修、保养、人工等维护成本，降低飞机的运营成本；在飞机需要处置的阶段，通过提供金融服务，降低飞机的处置成本，借助于第三方转售渠道或网络，为客户提供与旧飞机周转有关的平台。同时，航空金融服务还会出现差异化趋势，航空租赁企业会更加重视对航空市场的预判，充分认识民航业发展规律，实施积极稳健的发展战略，加强与航空企业的沟通，充分了解客户需求，致力于提供差异化金融服务，满足客户差异化的需求。

四 航空金融风险控制科学化

在我国目前的航空租赁中，对承租人进行信用评估时，需要搜集承租人的财务信息、营运信息、行业信息、竞争情况、租赁设备专业信息等资料，但是由于国家信用体系不完善使得违约成本低，行业缺乏信息共享机制，搜集数据不仅成本高而且信息的真实可靠性较低。在承租人违约需要追回损失时，由于飞机二手市场不成熟造成航空租赁公司设备处置能力较弱，出租人的租赁物权难以得到有效保障，航空租赁的风险控制很难实现。

随着科技进步和网络的发展，未来在积累充足的业务数据后，通过数据分析技术，可以得出预测模型，帮助衡量承租人的违约概率。还可以通过物联网技术实时、动态地定位和检测租赁物设备的运行情况；而大数据的使用，通过承租人在互联网留下的大量数据，使承租人更透明，可以通过互联网及大数据去分析承租人真实的生产经营情况，在分析效率提高的同时，可以提高航空金融风险控制的科学性。

五　航空金融人才需求复合化

从航空租赁业的发展方向看，未来的航空融资租赁公司除了提供融资服务外，还将承担交易发起、承销、财务顾问、资产管理、残值管理、提供与设备相关的辅助服务，因此航空租赁业对人才的专业性和协同性要求很高，从事航空租赁的人才应该是具备法律、销售、税收、管理、金融、财务、税务、技术等多方面知识的复合型人才，不同专业的人才应该优势互补、协同配合，以提高经营效率。

此外，随着航空经济的发展和金融创新与改革的推进，在国家各项政策的大力扶持下，各种航空金融创新业务将会不断涌现。例如，航空金融企业会进一步规模化、主体更加多元化，航空金融的资产证券化步伐将会大大加快，国际化金融租赁平台将会出现，大飞机、公务舱金融将持续稳健增长，通航金融将会保持快速增长。

航空租赁业是现代服务业中的朝阳产业，考虑到我国经济增长、人口和城市密度等因素，未来 30 年我国的航空运输业会取得巨大的发展。按照预测，到 2030 年我国的民用运输飞机的购买需求为 4041 架（包括更新飞机的数量），成交金额为 4000 多亿美元。目前我国引进的飞机中将近 70% 是通过租赁方式购置的，按全球飞机租赁率较低比例的 40% 来计算，我国未来 20 年的航空金融市场保守估算将达到 1600 亿美元，航空金融业的市场发展潜力巨大。

第三章

金融是航空经济快速发展的推进器

第一节 航空运输引起第五波冲击波——航空经济出现

21 世纪是航空运输的世纪，是以机场为核心的航空经济时代。随着世界经济发展的一体化、信息化、高效化、快速化进程的加快，“速度经济”时代正在向我们走来，航空运输在经济发展中发挥着越来越重要的作用。从人类历史发展进程看，伴随着经济的发展，技术的进步，人类运输速度在提升，交通方式不断变革，导致新的经济中心、新兴产业和新兴经济形态的出现。美国北卡罗来纳大学约翰·卡萨达、格雷格·林赛（2013）提出了交通运输方式变革对经济产生的五波冲击理论，简称“第五波理论”。第一个冲击波是由海运引起的，主要表现为一些海港周围出现世界级大型商业中心城市，比如，美国的洛杉矶、旧金山、纽约，西班牙巴塞罗那，葡萄牙里斯本，荷兰鹿特丹，法国马赛，日本的横滨、神户等。第二个冲击波是由天然运河引起的，水运曾经成为欧洲、美国工业革命的推动力量，比如，英国伦敦的泰晤士河、法国巴黎的塞纳河、德国汉堡的易北河、美国纽约的哈德逊河、意大利罗马的台伯河、希腊雅典的伊利索斯河、俄罗斯圣彼得堡的涅瓦河、俄罗斯莫斯科的莫斯科河及其支流亚乌扎河等。第三个冲击波是由铁路引起的，一些内陆城市成为内地商品生产、交易、配送中心，比如，美国亚特兰大、芝加哥、圣路易斯等。第四个冲击波是由公路引起的，发达国家的大型购物商城、商业中心、工业园区、企业总部远离城市中心。第五个冲击波是由空运引起的，主要是在经济全球化背景下，航空运输适应了国际贸易距离长、空间范围广、时效要求高等要求，因而成为经济发展的驱动力，是现代化国际经济中心城市迅速崛起的重要依托。总之，继海港、河流、铁路、高速公路依次兴替之后，第五次浪潮由航空运输驱动产业发展，在这个阶段是航空业、国际市场、基于时间的竞争起决定性作用，这个时代大型、高速喷气式飞机和先进通信技术驱动第五次浪潮向前发展。基于时间的竞争的重要性将得到强化，越来越依赖于航空货运，从而改变企业区位选择偏好。近年来，世界范围内产业结构调整加快，区域经济竞争日趋激烈，产品生命周期不断缩短，高科技含量高附加值的新兴产业产品大量涌现，以及传统制造业的升级换代产品，这些都对航空运输的依赖越来越强。随着航空运输时代的到来，航空运输不只是一种交通方式，也成了速度经济时代全球范围内配置高端生产要素的重要途径，为区域经济融入全球经济开辟了快速通道。在全球经济追求效率、新技术革命、产业组织形式变革叠加的背景下，催生了以全球化为舞台、以速度经济为主要特征的新兴经济形态——航空经济。

一　航空经济是一种新兴经济形态

在人类社会历史发展中，任何交通运输方式的革命性变化，都会对人类社会经济发展、社会变迁以及生活方式产生深远的影响。如果说工业经济及经济全球化发展催生了海港、海港产业区和海港城区，那么可以说知识经济及经济全球化进一步发展催生了空港、航空城、空港产业区和航空经济。随着航空运输的发展，大型航空运输枢纽的形成，机场、空港也不再是传统意义上的单一运送旅客和货物的场所，机场及其周边区域逐渐成为一个经济活动高度集中的特殊区域，出现了航空经济和航空经济区。世界上许多机场特别是大型国际枢纽机场周边，都吸引了大量高科技产业、现代制造业和现代服务业集聚，并且产生了经济社会发展中的人流、物流、资金流、技术流、信息流等优势资源，以机场为纽带，形成了带动力和辐射力极强的"航空经济区"，形成了航空核心产业、航空关联产业和航空引致产业等类型的航空经济。航空运输快速、便捷和全球通达的特点带来了经济发展模式的变革，促进了传统产业的升级和经济模式的现代化。随着知识经济的发展、经济一体化和国际产业转移的深化，当今世界经济正在创造一个以航空、信息化、数字化、全球化和高效率为基础的全新竞争体系，机场已成为"国家和地区经济增长的发动机"，开辟航线、增加航班更直接连接着区域产业链，航空经济正在逐渐发展为新型经济形态，其必将发挥越来越大的作用。

航空经济是以航空物流和商务人流为支撑的经济，在以机场为中心的经济空间，形成航空关联度不同的产业集群。机场特别是大型国际枢纽机场作为高速交通体系中最重要的节点，已突破单一运输功能，也不再仅仅是城市的重要基础设施，其已经能促使生产、技术、资本、贸易、人口等各种资源在航空港相邻地区及空港走廊沿线地区集聚，成功吸引或汇集一系列高科技产业、信息产业、现代制造业和现代服务业，通过与多种产业有机结合，与区域经济相互影响、相互渗透、相互融合，形成带动力和辐射力极强的"航空经济区"。从产业角度来看，航空经济的产业链上游有航空制造业，中间有航空运输业，下游有航空服务业，侧面有相关产业和关联产业。

航空经济是伴随着航空运输的发展和新技术革命深入推进而兴起的。航空运输是航空经济形成和发展的基础，新技术革命是航空经济发展的推动力量。20 世纪 70 年代后期，新技术革命兴起，突破了资源状况对产业布局的影响，推动了新兴产业的发展，大规模集成电路、微电脑、信息通信、生物工程等一大批科技含量高的产业诞生。这类产业的产品一般都具有体积小、运量少、附加值大、单位产品承担运费的能力较强等优势，特别适合航空运输，尤其是高技术产品的发展速度快，变化频繁，产品生命周期短，竞争激烈，如果新技术没有及时投入生产、产品没有及时投放到市场并占领市场，那么新技术的经济效益还没有得到发挥就会被淘汰。因此，新技术产业对原材料和产品运输时间要求越短越好，对航空运输的依赖性很强，由此高新技术产业和与之关联的产业向机场集中，形成独特的产业集群。航空经济基本上是由高端制造业和高端服务业组成。

二　航空经济具有明显的航空指向性和圈层性

一个产业是否具有明显的航空指向性，主要取决于三个因素：一是便捷的航线连接性，航空经济的产业发展需要利用航空枢纽丰富的航线资源和方便达到多个目的地的优势；二是运输的快速性和时效性，航空经济产业的从业人员和货物运输对于时间的要求高，需要利用航空运输的快速性优势；三是所运输产品的高价值性，由于航空运输的高成本，航空经济产业所提供的产品和服务的单位体积或者单位质量必须具有高价值。

航空经济在产业上具有明显的航空指向性，按照与航空运输业的紧密程度，可将航空经济产业分为四类。

第一类是航空指向性极强的服务于航空枢纽的产业，主要包括直接为机场设施、航空公司及其他驻机场机构（海关、检疫检验局等）

提供服务的配套和后勤产业等。

第二类是航空指向性较强的航空运输和物流服务产业。航空运输的货物一般具有重量轻、体积小、技术精、价值高、鲜活和事急等特点（如航空快件、黄金宝石、鲜活产品、高级冷冻食品、花卉、贵重药品、精密机械和高档电子产品及零部件以及救援性航空运输服务等）。这些货物都比较适合航空运输。

第三类是具有明显航空指向性的加工制造业和有关服务业，包括航空物流加工业、航空工具与用品制造，“短、小、轻、薄”的高附加值的高新技术产业，以及国际商务服务业、会展业、休闲旅游业等。有研究表明高技术产品有70% ~80%是经由航空运输到达市场或下一轮工序的。

第四类是航空指向性一般的产业，包括以研发和管理为主的公司地区总部经济。伴随着航空经济的成熟，在航空经济区聚集了大量的人力、物流和信息，为公司管理总部的管理人员捕捉市场需求信息提供了便利，同时由于高档办公设施的完善，增强了航空经济区对公司总部的吸引力，公司地区总部不断向航空经济区集中，从而在航空经济区形成总部经济。

航空经济在空间布局上呈现多层次的圈层结构。由于航空经济是大型机场吸引力和辐射力的产物，按照机场的影响和辐射程度可分为：机场区（核心区）、空港区、航空城、航空经济影响区四个空间层次。

从产业经济理论与流量经济理论来看，航空经济应该包括三个层次的内容：航空价值链活动，主要表现为航空运输价值链的产业组成，以及各产业的经济表现；航空价值链的关联影响，主要表现为航空运输产业链对区域经济发展的贡献；航空价值链的聚集效应，主要表现为对城市流量经济的贡献，如围绕航空枢纽或大型机场而形成产业聚集区。然而，从我国航空经济研究与发展的现状来看，各级地方政府，包括行业主管部门等，虽然都认识到了航空运输服务对地区经济发展的促进作用，但在战略上却只是将目标放在了由大型机场或枢纽机场形成的产业集聚效应上，即空港经济区（或称“航空经济”）的规划、建设与发展方面。

三　航空经济有其内在的发展规律

航空经济是一个国家或者区域经济发展到一定水平、一定阶段的产物，是经济发展的高级形态。航空经济是产业形态变革和运输方式变革互相影响的结果。当经济处于以资源密集型产业为主的形态的时候，必然会形成以铁路、水路为主的运输方式。当经济演变为以资金密集型产业为主的形态时，必然会形成以公路为主的综合运输方式。而当经济进入以信息化、高新技术为特征的知识经济时代，就会形成综合交通形态，航空运输的地位会迅速上升，航空经济开始出现。当经济进入速度经济时代，自然会形成以航空运输为主的综合运输方式，航空经济也就会迅速发展。一个国家或地区的航空经济发展过程必然要经过从无到有、从萌芽到成熟的过程，在这一演变过程中，航空经济会呈现不同的特征。在航空经济发展的起步阶段，航空港或者机场的功能与区域经济的结合比较弱，航空产业除为机场服务的航空服务业外，以传统的制造业为主，航空枢纽指向性弱。在航空经济快速发展阶段，航空网络覆盖面扩大，机场综合性增强，航空经济区内的高新技术产业的比重迅速上升，产业的航空枢纽指向明显强化，机场功能与所在区域的融合性加强，航空经济的外向型产业逐步占据主导地位；在航空经济发展的成熟阶段，现代服务业和高新技术产业共同成为航空经济区的主要产业，航空制造业和航空服务业结合成为航空产业集群，复合型的航空枢纽功能与区域经济完全融合，成为区域经济的增长点。

航空经济的成功发展需要具有一些共同的基本要素和条件，只有当这些条件具备之后，航空经济才会很好地发展。

一是空港周边的城市及区域经济发展达到较高程度。这是经济基础，地方经济只有发展到较高形态时，才能孕育和支撑航空类产业、高新技术产业及现代服务业等产业的健康发展。

二是空港周围有一批能够提供相关配套产品和服务的企业。这是产业基础，没有产业支撑，航空经济难以发展起来。

三是设备完善的机场及客流量和货流量达到一定程度。机场不仅要设备完善，而且也要有足够大的人流物流，才能够形成产业的集聚效应，才能够有巨大的吸引力和辐射力。

四是有便捷的地面交通和商务设施。航空经济是机场航空枢纽与区域经济相结合的产物，没有便捷的地面交通和商务设施这种结合是很难实施的。便捷的地面交通是机场客流和货流畅通流动的关键性条件，这种能够提供顺畅流通环境的能力是企业选址所考虑的重要因素。地面交通越畅通，机场的辐射能力越强，越有利于航空经济发展。与机场功能紧密结合的地面商务设施，包括休闲、办公等设施，也是航空经济发展的重要条件。

四　中国航空经济发展现状及经济新常态下的发展趋势

2012 年 7 月，国务院出台了《关于促进民航业发展的若干意见》，标志着我国已将民航发展纳入国家发展战略规划，并提出了发展航空经济的概念。航空经济的概念无疑让地方政府趋之若鹜，近几年，很多城市掀起了航空经济区或空港经济区的规划热潮。

中国经过改革开放以来近 40 年的快速发展，已发展为全球第二大航空运输市场，但航空产业链仍处于“跛脚”的状态，尤其是对整个产业链竞争起着决定性作用的民用航空器制造业，与欧美强国相比，才刚刚起步。2015 年 11 月 2 日，随着国产 C919 大型客机首架原型机正式总装下线，中国的航空产业链也开始形成，并有希望在未来五年内加入国际竞争。从我国航空经济发展的现状来看，航空经济正在蓬勃兴起。近十年来随着我国民航业的快速发展，航空经济成为驱动区域经济发展的重要载体，不少地方政府认识到发展民航业对于地区经济社会发展的拉动作用，纷纷把发展民航业作为转变经济增长方式、调整产业结构的重要抓手，掀起了航空经济区、航空港经济区规划热潮。然而，在航空经济战略上，一些地区却只是将目标放在了由大型机场或枢纽机场形成的产业集聚效应上，即空港经济区的规划、建设与发展方面。航空经济区的建设在一些大型城市已经起到了积极作用，如实现了产业转移与升级的同步、推动了现代服务业与科技创新的融合发展、实现了空港区与城市功能区的协同发展等。

（1）北京顺义区临空经济区——临空复合型工业区。战略目标：打造临空经济区、建设世界空港城。六大功能区：天竺综合保税区、空港开发区、林河开发区、空港物流基地、北京汽车生产基地、国门商务区。聚集效果：航空类企业超过 300 家、世界 500 强企业 30 余家以及中国民航六大集团，初步形成以航空业的相关企业总部为主体、现代制造业及高端服务业为主的临空产业体系。成功优势：毗邻大型空港，扩展空间充足。

（2）上海长宁区虹桥临空经济园区——总部经济型。战略目标：园林式、高科技、总部型。三大产业定位：信息服务业、现代物流业、高技术产业。聚集效果：现已形成信息通信技术、电子商务、无线通信、现代物流业、服装服饰业、食品和生活用品制造业等具有航空出行需求高、生产性服务业特征的产业集群。成功优势：综合交通枢纽、长三角经济核心。

（3）天津临空产业区——临空配套工业区。天津临空产业区（航空城）坚持“市场牵引、政策导向、开放合作、重点突破、配套跟进”的方针，以体制机制创新为突破口，因地制宜，科学规划，积极发展航空制造、航空维修、航空物流、航空教育培训和航空商业服务业等五大板块，形成产业集聚效应，根植性显著、品牌效应和示范效应明显，努力建设成为亚洲规模最大、配套完善、国际化的新兴航空产业基地。产业定位：建设民机集成总装基地、航空产业集聚基地、国家级航空产业集群创新基地、机场空管及通用航空设备研发制造基地。目前，临空产业区航空产业已初具规模，吸引航空项目 17 个，总投资 20 多亿美元，其中外资项目 10 个，内资项目 7 个，包括空客 A320 系列飞机总装线、中航工业直升机产业化基地、美国古德里奇飞机短舱、法国左迪雅戈航空设备维修、泰雷兹雷达组装、STTS 飞机喷漆服务、加拿大 FTG 航空仪表盘、德国汉莎航空和海航租赁控股、大新华物流等世界一流航空项目，涉及飞机总装、研发、零部件制造、航空租赁、物流和服务等领域。

但是，除少数大型机场或枢纽机场规划或建设的航空经济区外，其他航空经济区基本都存在产业结构不合理、现代服务业发展滞后等问题。事实上，据统计，截至 2014 年 9 月，国内已经规划或在建的航空经济区已超过 70 个，其中半数以上都缺乏流量的支撑（机场规模比较小），且规划或建设的产业基本相同，集中在物流、高新技术、商务会展、生物制药等方面。这些航空经济区都呈现各自为政、无序发展的状态，尤其是航空经济发展所需要的贸易政策方面更是参差不齐，缺乏明显的政策支撑。总的来说，我国航空经济的发展还处于起步阶段，一些地方存在盲目发展、低水平建设的倾向，对于如何发挥各地方优势更好地促进航空经济发展等问题，还需进一步统筹谋划、深入研究。

习近平主席2014年5月在河南考察时指出："我国发展仍处于重要战略机遇期，我们要增强信心，从当前我国经济发展的阶段性特征出发，适应新常态，保持战略上的平常心态。"这是国家领导首次用新常态描述新周期中的中国经济。根据《凤凰财经》作者马光远的分析，习近平提出的中国经济新常态有以下几层寓意：一是经济增速正式告别8%的快速增长，潜在增长率在2020年前后回落至7.5%左右；二是宏观政策告别常态的调控和刺激，如果经济增速在7.2%以上的合理区间，不会采取非常规的刺激措施；三是经济增长的动力悄然转换，政府投资让位于民间投资，出口让位于国内消费，创新驱动成为决定中国经济成败的关键；四是在完成新型工业化使命的同时，强力扶持服务业，经济结构避重就轻；五是告别货币推动型增长模式，控制包括房地产在内的资产价格泡沫和债务杠杆优于经济增长本身。中国经济进入新常态阶段，改革与创新将成为其发展的主要动力。

显然，经济新常态下的各个产业都将发生重大变革，未来五年、十年甚至更长远时期，中国经济与社会发展将会出现巨大的变革，航空经济将进入快速发展阶段，航空经济发展将更加理性务实。随着经济增速放缓和经济发展方式的转变，地方政府建设航空经济区的冲动也必然会"冷却"，各地对于航空经济的未来发展，会重新把目光放到航空价值链本身的竞争力与发展能力方面。

五　航空经济的发展促进航空金融的进一步发展

随着航空运输业的逐步发展，金融与它的联系变得越来越紧密，逐渐形成了航空金融业这一新的金融服务模式。航空金融有广义与狭义之分，广义的航空金融是指和航空产业相关的所有金融活动的集合，包括航空产业资金融通、信用活动、金融产品的交易等各种与金融有关的经济活动；狭义上的航空金融是指具有明显的航空产业特性的金融活动，主要包括航空租赁、航空保险、与航空燃油相关的系列金融衍生产品等。航空金融的发展又为航空业提供了更多的支持，成为航空运输企业持续快速发展、调整资本结构和拓宽融资渠道的重要手段，提高了应对市场变化的能力和市场竞争力。

第二节　金融支持航空经济发展的作用机制

一　金融是现代经济的核心

（一）金融的界定

什么是金融？从字面理解，“金”指的是金子，“融”最早指固体融化变成液体，也有“融通”的意思，所以，金融就是将黄金融化分开交易流通，即价值的流通。金融这一概念源于西方的“Finance”，而 Finance 的本义是“货币资财及其管理”。但“货币资财及其管理”的主体可以是政府，也可以是企业和个人。所以，有时又把 Finance 翻译为“财政”。《新帕尔格雷夫经济学大字典》把“金融”定义为“资本市场的运营，资产的供给与定价”。这一定义是从融资活动的领域与着力点来考察金融的。

在中国，金融通常被解释为货币资金的融通。对金融的含义予以权威注释的是《中国金融百科全书》，其注释为：“货币流通和信用活动以及与之相关的经济活动的总称。”这样定义金融使其超出了“货币资金融通”之说。陈志武（2009）在《金融的逻辑》一书中，将金融定义为：金融的核心是跨时间、跨空间的价值交换，所有涉及价值或者收入在不同时间、不同空间之间进行配置的交易都是金融交易，金融学就是研究跨时间、跨空间的价值交换为什么会出现、如何发生、怎样发展，等等。这样定义金融是从融资活动的运作机理来考察的。正如曾康霖（2002）所说，金融的含义取决于金融活动的发展、运作以及人们对它的评价，而金融活动的发展又取决于经济金融化程度。所以，随着经济的发展、金融活动的深入以及经济金融化程度的深化，金融的含义也在发展变化。

邓小平早在1991年视察上海时就指出："金融很重要，是现代经济的核心。金融搞好了，一着棋活，全盘皆活。"这一经典性的观点深刻地揭示了金融在现代经济中的地位和作用。经济决定金融，一国的经济发展水平决定了它的金融发展水平，但是，金融在服务于经济的过程中，又反作用于经济，对经济的成长和运行发挥着举足轻重的作用。现代经济是市场经济，市场经济从本质上讲就是信用经济或金融经济，它的运行表现为价值流导向实物流，货币资金运动导向物质资源运动。

（二）金融的功能

随着人类社会经济形态的发展变迁，人们对金融发展不断提出新的要求，这促进了金融创新，引起了金融规模的扩大和结构的调整，金融功能也随之不断演进。

在20世纪70年代之前，经济学者主要是从金融的某一种或两种功能的角度，对金融在经济增长中的作用加以解释。如斯密强调金融的媒介作用、熊彼特从金融的信用创造、格利和肖从金融的储蓄转化为投资的中介作用、帕特里克从金融的资源配置等不同角度来认识此问题，而希克斯从金融在提供流动性和分散风险、戈德史密斯则强调从金融的动员储蓄和配置资源角度来阐释金融的功能。

20世纪70年代以后，以麦金农和肖为代表的现代金融发展理论，主要以发展中国家为研究对象，从金融压制和金融深化的角度，对金融体系的功能进行了更为深入的探讨，研究了发展中国家的金融发展与经济发展的关系。指出发展中国家由于政府过分干预金融，导致金融抑制，如包括利率和汇率等在内的金融价格的扭曲，使实际增长率下降，并使金融体系的实际规模（相对于非金融量）下降，这进一步阻止或严重妨碍了经济发展。解决这一问题的关键是，进行金融深化，促进金融自由化。麦金农认为货币当局改善货币供应条件，提高了货币的实际收益率，使货币成为一种有吸引力的价值贮藏手段，从而促进资本积累，以促进经济发展。肖认为货币只是一种债务中介而非社会财富，金融中介的任务就是吸收储蓄以通过引入各种金融资产，来拓展储蓄者对投资机会的选择空间，使储蓄转化为投资。

20 世纪 90 年代以来，赫尔曼、默尔多克、斯蒂格利茨（1998）把信息不对称、不确定性、外部性理论、不完全竞争等理论，引入金融发展理论，提出了“金融约束”理论，他们认为，对于金融发展水平较为低下的发展中国家而言，金融深化具有极大的社会福利效应，因此应当鼓励银行积极开拓新的市场。但是由于市场竞争会使银行产生内在的不稳定性（信息问题导致高昂的交易成本），而且银行在开拓新市场方面的相关信息具有公共品性质，所以不仅银行没有动力，而且自由竞争也达不到社会的最优结果。这就需要政府进行宏观调控，利用金融政策，将实际利率控制在竞争条件以下的水平，为金融部门和生产部门制造租金机会，从而激励这些部门在追逐租金机会的过程中把私人信息并入到配置决策中，缓解那些有碍于完全竞争的与信息有关的问题，以此促进金融发展和经济发展。

纵观金融发展和金融理论发展的历程，在经济发展的任何阶段，金融最基本的功能都是满足经济发展的资金需求。在现代市场经济条件下，实体经济发展水平提升引致的各种需求，促使金融规模日益扩大、结构更复杂，全方位的金融创新使金融功能更为丰富，金融功能产生的影响更为深远，而优化资源配置越来越成为金融体系最本质、最核心的职能。在现代经济中，金融的基本功能主要体现在以下五个方面。

一是资本形成功能。经济增长依赖于资本的形成和积累，而资本最终来自储蓄，但储蓄本身并不能确保资本的形成，只有当储蓄有效转化为投资才能为经济增长提供资本支持。金融体系能及时、有效地将储蓄转化为投资。

二是资金集中功能。金融为现代经济建设迅速筹措巨额资金，具有所用时间短、筹措资金多的优点。正如马克思所说，假如必须等待积累去使某些单个资本增长到能够修铁路的程度，那恐怕直到今天世界上还没有铁路，但是通过股份公司，这件事转瞬之间就办成了。

三是投资导向功能。在市场经济中，货币资金的流向直接决定着商品和其他资源（如劳动力资源、科技资源及各种经济资源等）的流向。金融不仅担负着稀缺资源投向的重任，而且资源配置的效率和效益如何，在很大程度上取决于货币资金能否按经济合理性原则在各部门和各企业之间高效地流动，金融通过信贷、利率、汇率等经济杠杆的运用和金融资产的证券化，实施企业股份化，运用重组、兼并等手段，实现对货币资金这种稀缺资源的优化配置。资金导向功能发挥作用的途径有两种，一种是市场机制，即商业金融；另一种是政府调节，即政策性金融。商业金融的资金导向功能指金融机构为提高经营效率，根据资金运用的有偿性、竞争性原则，以及收益性、安全性、流动性原则对竞争性行业的投资项目进行评估，在资金价格的引导下将储蓄资源配置到边际效率最高的产业和地区，体现市场配置资源的利益取向。政策性金融是为了弥补市场上商业金融的不足，以国家产业政策的目标为取向，通过政府金融机构或对金融体系的直接干预，以较商业金融更为优惠的条件将资金投向主导产业、支柱产业、战略产业等，以优化产业结构和产业布局，提高产业竞争力。

四是风险管理功能。现代金融为市场参与者进行风险管理提供了大量的金融产品和金融衍生工具。可以通过不同的资产组合，运用多种金融工具，利用多层级的信用杠杆，转移、化解、分散、分担风险，将风险控制在可承受的范围内。

五是技术创新传导功能。King 和 Levine（1993）以及 Levine（1997）认为，金融体系能够有效区分那些具有较新产品和工艺的企业，能甄别最好的生产技术，并能通过在不同的技术项目之间分散风险，从而推动有利于长期经济增长的技术进步。金融是“现代经济的核心”，随着经济社会的发展，金融制度已经成为促进技术创新发展的重要制度安排，它对技术创新过程的渗透力、影响力与推动力也表现得越来越强，金融系统的发展已经构成技术创新的基础条件，而技术创新对于金融系统的依赖也越来越强，技术金融一体化发展趋势日益明显。

二　金融对产业发展的影响

（一）金融对产业发展的影响的有关文献

在现代经济关系中，金融已经成为经济发展的核心，在产业发展的过程中，金融业起着非常显著的作用。金融对产业发展最直接的影响就是资金供给。建立良好的金融支持体系，充分发挥金融的支持功能，是实现新兴产业快速发展的重要保障。

产业生命周期理论说明金融在新兴产业发展中扮演着重要角色。根据产业生命周期理论，一项产业的发展大致分为初创期、发展期、成熟期和衰退期等四个阶段。在产业的初创期，由于技术成熟度较低、市场不确定因素多、企业短期偿债能力弱，不适宜银行贷款等债权融资介入，而适宜风险偏好型的股权融资介入，如风险投资、私募股权投资、创业板市场等。随着产业进入发展期，保守型产业基金、政策性贷款等开始介入。产业进一步发展进入成熟期，技术风险和市场风险明显下降，企业盈利能力显著提高，商业银行贷款和债券融资等债权融资模式会大规模进入。随着产业发展到一定规模，企业规模和盈利能力已经达到证券市场主板公开上市的要求，在初创期和发展期介入的风险投资可以退出。而到了产业的衰退期，一些投资要能够顺利退出该领域转而投向新领域，从而推动产业结构的优化与升级。

亚当·斯密在《国富论》中就提到，慎重的银行活动，可以促进一国产业发展。Park 和 Shin（2005）的研究表明，OECD 中那些金融体系发展到一定“门槛”的发达国家，其高研发密度、高风险、高资本密度的产业呈现快速增长势头，主要是因为这些国家具备了资本市场发挥作用所需的初始条件和制度基础，并建立了较为完善的以市场为导向的金融体系。约翰·希克斯认为，工业革命不是技术创新的结果，或者至少可以说，不是技术创新的直接结果，而是金融革命的结果。工业革命中所使用的技术在工业革命之前就已经存在，真正引发工业革命的是金融系统的创新而不是通常所说的技术创新。通过向需要资本的大型项目融资，金融创新使这些技术得以实现并贡献于经济增长。迈克尔·曼德尔指出，新技术既是技术革命的产物，也是金融革命的产物，如果说技术是美国新经济的引擎，那么，金融就是燃料。Beck（2002）对 65 个国家（1966～1995 年）进行实证分析得出结论，即金融发展水平高的国家，其制造业具有显著比较优势，表现为较高的出口份额或较好的贸易收支。Rajan 和 Zingales（1998）的研究结果表明，一个行业在成长过程中，对外部融资的依赖程度越大，金融发展对其促进作用越大，也就是说，那些对外部融资具有很大依赖程度的行业在金融体系发达的国家中成长速度超乎寻常地快。Yang 等（2010）认为，经济发展越来越依赖高新技术行业，而高新技术行业的发展不能没有金融的支持，不同的金融支持结构决定了高新技术行业发展的效率。

（二）航空经济的特征决定了它更加依赖金融支持

航空经济是技术密集型和资金密集型的经济形态，技术瓶颈问题和资金瓶颈问题是制约其发展壮大的两大重要因素。而资金短缺是制约其相关产业发展的最根本因素，没有大量资本的投入，没有融资制度的支持，航空经济的技术创新和生产组织变革就难以实现，尤其是对于一个资本相对短缺的国家或区域来说，破解资金瓶颈问题更为紧迫。航空经济有别于传统经济形态，基本上是由高端制造业和高端服务业构成，高投入的典型特征，决定了其发展更加依赖强有力的金融支持。

（三）金融支持航空经济发展的作用机制

在高度货币化的当代社会，几乎所有的资源配置和社会交易都离不开货币，金融是国民经济的核心。因此，航空经济的发展，离不开强有力的金融支持。金融支持航空经济发展的作用机制体现在金融体系发挥的五大功能（见图3－1）。

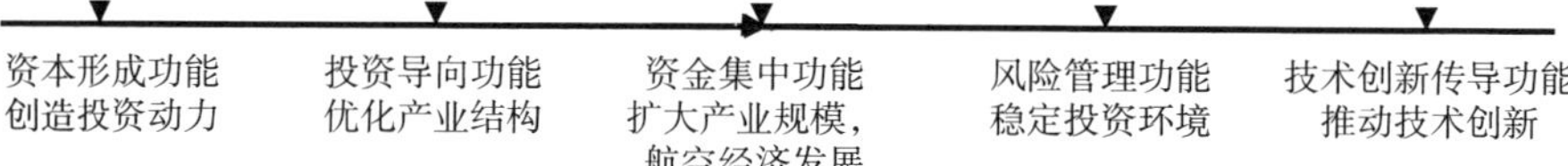

图3－1　金融支持航空经济发展的作用机制

第三节　金融为航空经济发展提供资金支持

一　我国航空运输业发展迅速对资金的需求量大

航空运输，是使用飞机及其他航空器运送人员、货物、邮件的一种运输方式。航空运输的主要优点是速度非常快，缺点是运输费用相对高。随着中国经济增长和对外开放不断深入，国内交通运输需求快速增长，我国航空运输业发展迅速。我国经济长期的较快发展，带动航空物流和商务出行的航空需求增加；而居民收入的稳步提高，带动居民的出行消费升级以及旅游业的进一步发展，航空人流不断增长。“十一五”期间，我国民航业总体呈现良好发展态势，民航运输总周转量、旅客运输量和货邮运输量年均增长率分别为15.6%、14.1%和12.9%，远高于铁路及高速公路等其他运输方式。近年来，我国民航旅客运输量快速增长（见图3-2），我国民航业已经成为世界第二大航空运输系统，是国际上公认的极具活力和潜力的通用航空市场。从行业发展阶段来看，目前我国民航运输业尚处于成长期。根据中国民航局的《中国民用航空发展第十二个五年规划》，“十二五”期间航空运输的发展目标为：到2015年，运输总周转量达到990亿吨公里，旅客运输量达4.5亿人次，货邮运输量达900万吨，年均分别增长13%、11%和10%。在“十二五”期间，民航运输业依然保持良好的发展态势。人民币的持续升值带动出境旅游快速发展，同时我国的贸易结构也从以出口为主转变为进出口并重。客运和货运的国际航空

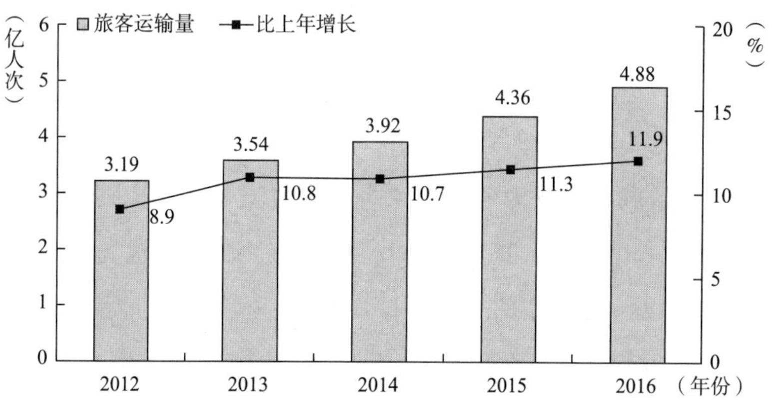

图3-2 2012~2016年我国民航旅客运输量走势

资料来源：《2016年民航行业发展统计公报》。

运输需求都保持良好增长态势。随着国内产业转移，中西部经济迅速崛起，人均 GDP 增速超过东部地区，其航空客运量增速也高于东部一线城市，中西部地区航空大众化趋势将愈加明显。我国航空运输业发展空间巨大，发展前景广阔。波音公司预测，未来 10 年内，中国国内航空市场将成为全球最大的市场。

二 航空运输业所需资金依靠金融业提供

航空运输业是一个较为特殊的行业，是典型的资本密集、技术密集行业。航空枢纽建设、航空运输业、航空制造业等都需要巨额的初始投资，离不开长期稳定的资金支持。在市场经济条件下，国家又不可能投入大量资金，航空运输业所需资金主要由金融业提供，通过银行信贷、股票、债券、金融租赁等方式筹集资金。

（一）股权与债权融资在机场融资中发挥着越来越重要的作用

航空经济依托机场，机场作为航空运输业重要的基础设施，是航空经济发展的物质基础。机场也叫航空港、空港，是为飞机的起降提供设施、设备和服务的场所。

经过几十年的建设和发展，我国机场体系初具规模，机场密度逐渐加大，已初步形成了以北京、上海、广州等枢纽机场为中心，以成都、昆明、重庆、西安、乌鲁木齐、武汉、沈阳、深圳、南京、杭州等省会或重点城市机场为骨干以及众多其他城市干、支线机场相配合的基本格局。2014 年，我国境内民用航空（颁证）机场共有 202 个（不含香港、澳门和台湾省，下同。见表 3－1）。其中定期航班通航机场 200 个，定期航班通航城市 198 个。中国民用航空总局 2007 年 12 月颁布了《全国民用机场布局规划》，对 2020 年前全国民用机场布局作了部署，到 2020 年，布局规划民用机场总数达 244 个，其中新增机场 97 个，形成北方、华东、中南、西南、西北五大机场群。

其中中南机场群布局规划机场总数39个，新增14个：中南机场群由广东、广西、海南、河南、湖北、湖南6省（自治区）内各机场构成。在既有25个机场基础上，布局规划新增信阳、岳阳、衡阳、邵东、河池等14个机场，机场总数达到39个，以满足中南地区经济社会发展需要。

表3－1　2014年各地区运输机场数量

地区	运输机场数量（个）	占全国比例（%）
全国	202	100
东北地区	22	10.9
东部地区	48	23.8
西部地区	102	50.5
中部地区	30	14.9

资料来源：《2014年民航行业发展统计公报》。

目前，我国大部分中型以上机场容量已饱和或接近饱和，北京、上海、广州等大中型机场纷纷投入资金进行扩建。根据民航局的规划，到2020年，我国民航运输机场总数将达到244个，新增机场97个。初步测算，完成上述规划，需要投资4500亿元（静态投资），所需资金庞大。根据《21世纪经济报》报道，民航局在编的《通用机场布局规划》中提出2030年通用机场总量将超过2000个，在省市一级层面，包括浙江、江苏、福建、江西、重庆等都提出过甚至颁布了通用机场规划。

机场融资按照资金来源方向可分为内源融资与外源融资两大类。内源融资也可称为再投资，即机场将其自身积累转化为资本投资的过程。我国民用机场的内源融资主要包括三种形式：资本金、折旧基金转化为重置投资和留存收益转化为新增投资。而外源融资是机场将外部其他经济主体的资金转化为自身资本投资的过程。我国机场内源融资能力较弱，所占比例不足5%。外源融资是当前我国机场的主要融资方式，其主要有财政融资、债务融资和股权融资三类。

机场行业属于资金密集型行业，有建设周期长、建设投资数额大、投资超前、周期性循环建设投入、投资回报率低、投资回收期长等特点，尤其是投资初期面临着资金需求大、债务负担重的较大风险。我国机场建设资金严重不足，缺口巨大，需要采取多方投资形式才能解决融资问题。一些地方各级政府出于对政绩、招商引资等方面的考虑，试图“一步到位”地建设地方机场，盲目求大、求全，后续投入不足，使得不少中小机场陷入运营困难的局面。机场是一个地区或区域对外空中运输的桥梁，对该地区或区域经济发展发挥着重要作用。所以，机场具有公益性的性质，有明显的公共产品属性。机场作为航空运输的枢纽，汇集了大量的人流、物流、信息流和资金流，蕴涵着巨大的商业价值。因此，机场又具有非公共物品的属性。机场兼有公共产品和非公共物品的属性，属于准公共产品。纯公共产品的供给，由政府投入；准公共产品的供给，可以由政府投入，也可以由市场投入。机场的属性决定了机场建设必须要由政府主导推动，适度投入超前建设资金，同时要充分发挥市场的作用，进行多元化融资。世界许多国家的机场由政府管理，机场投资所需资金的相当部分来源于财政拨款和银行贷款。但与此同时，机场作为资本密集型行业，如果纯粹依靠国家财政拨款，不仅会成为国家财政的一大负担，而且也会使机场的健康发展受制于资金约束。因此，机场的融资渠道应该是多元的。在市场经济条件下，机场的公益性质和收益需求其实并不矛盾，在保障基础服务的前提下，机场完全可以寻求更多的市场化运作方式，充分利用金融市场来解决所需建设资金问题。我国金融业已为机场建设提供源源不断的、大规模的资金。目前，我国机场建设资金主要来源于国家投资、各级地方政府投资、吸纳社会资本和外资以及企业自筹、以银行贷款为主要形式的债务融资等多种渠道，或多种融资渠道组合。

1. 银行贷款融资

改革开放前，财政拨款是我国机场建设和扩建的主要融资方式。从20世纪80年代后期开始，部分机场建设开始向银行贷款筹集资金。为了拓宽机场建设融资渠道，1993年，国务院同意民航征收民航基础设施建设基金——机场建设费，用于机场建设。机场建设费的开征改变了机场的融资方式，当机场投入使用后，机场的自身维护就可以用机场建设费筹集的资金来进行，对银行贷款的依赖有所减轻。我国机场的银行贷款和外国政府贷款曾经约占了投资总额的45%。在利用国外政府贷款上，首都机场扩建工程申请了3亿美元的日本政府贷款，浦东机场申请了4亿美元的日元贷款，这些资金主要用于进口设备，弥补了国内资金的不足。伴随着国有商业银行改革和机场融资渠道的增加，民用机场的银行信贷融资比例从1993年的近40%下降到不足20%。

2. 利用股权融资

20世纪90年代后期，国内许多大机场通过发行股票，利用证券市场筹集建设资金。1996年厦门机场成功在A股上市，拉开了机场建设利用证券市场融资的序幕，随后，国内许多机场纷纷上市融资，筹集了上亿资金（见表3－2）。机场利用证券市场发行股票融资，不仅有利于融资渠道的多元化，而且也有利于通过机场资本结构的改变，改善资金使用效率，有利于机场的长远发展。机场是一个投资巨大、回报期很长的行业，机场是否有强大的现金和融资能力决定其未来发展的好坏。

表 3-2 中国内地机场上市融资一览

机场名称	上市时间	上市地点	筹资额（亿元）
厦门高崎机场	1996 年 5 月	上海证券交易所	2
上海虹桥机场	1998 年 2 月	上海证券交易所	19
深圳宝安机场	1998 年 3 月	深圳证券交易所	6
北京首都机场	2000 年 2 月	香港证券交易所	5
海口美兰机场	2002 年 11 月	香港证券交易所	1
广州白云机场	2003 年 4 月	上海证券交易所	20

资料来源：根据这几家公司上市公告整理而来。

2002 年 3 月出台的《民航体制改革方案》将国内现有的机场，除北京和西藏机场外，全部实现属地化管理。属地化管理后，地方政府将承担机场主要投资者的角色。这样就改变了机场单一的运输功能，使机场融入当地区域经济，成为区域经济发展的平台，有利于实现机场与区域经济的良性互动。这也增强了地方政府对机场投资的积极性，同时地方政府对机场建设在资本运作方面拥有更多的决策自由，通过引入外资和民间资本等方式，实现机场投资的多元化。2005 年 4 月，国家民航总局颁发了《国内投资民用航空业规定（试行）》，鼓励、支持国内投资主体投资民用航空业，促进民用航空业快速健康发展。2007 年 9 月，国家民航总局适时出台四项民航财经新政策，这不仅有助于扩大机场建设的投资规模，加强大型机场的融资能力，解决我国小机场的困难局面，而且机场建设的投融资将进一步开放，机场建设的投融资渠道将呈现多元化。2012 年 7 月，国务院出台《国务院关于促进民航业发展的若干意见》，首次提出了“航空金融”的理念，鼓励银行业金融机构对机场及配套设施建设提供优惠的信贷支持。

现阶段，机场建设所需资金中来自民航局的拨款、银行贷款、地方政府拨款等，往往难以满足庞大的资金需求，我国机场建设资金存在巨大缺口。于是，上市融资是缓解地方财政压力的有效工具，也是一些机场最看好的融资渠道。厦门高崎机场、上海浦东机场、北京首都机场和深圳宝安机场、海南美兰机场、广州白云机场等已完成上市的机场，能不断地通过股市筹集资金，为机场进一步发展提供资金保障，北京首都机场还一直打算回归 A 股再融资。还有许多机场，如杭州萧山机场、成都双流机场、昆明长水机场等都在酝酿上市事宜。

由于上市的条件要求高，一些暂时难以上市的机场，通过增资扩股，引进战略投资者，例如，2005 年杭州萧山国际机场有限公司与香港机场管理局签署了《杭州萧山国际机场有限公司增资认购协议》，杭州萧山国际机场和香港国际机场组建了合资公司，萧山国际机场有限公司以 36.959 亿元净资产出资，占 65% 的股权；香港机场管理局出资 19.901 亿元，占 35% 的股权，双方共同投资和经营管理杭州萧山国际机场。这是中央政府与香港特区政府签署的《内地与香港关于建立更紧密经贸关系的安排》之后，内地民用机场整体合资的首次尝试。不仅杭州到香港的航班会增加，而且从杭州口岸出发，通过香港中转去世界各地将会更便捷。合资后，萧山机场将投入扩建工程。

3. 发行债券融资

债券市场是资本市场的重要组成部分，随着我国市场化进程的不断深入，资本市场的结构日趋完善，企业财务管理手段的不断健全，作为企业直接筹资方式之一的债券筹资，越来越受到企业的重视。机场通过发行债券、短期融资券融资已经开始提速。据不完全统计，2000 年以来，仅北京首都机场、上海虹桥机场、广州白云机场、深圳宝安机场和海口美兰机场通过发行债券、可转换债券以及短期融资券所筹集的资金就近 400 亿元（见表 3－3）。其他众多机场，如成都双流国际机场、南京禄口机场、杭州萧山机场、福州长乐机场、温州机场等，都发行过企业债券或短期融资券，从证券市场大规模募集了基础建设急需的资金。

表 3-3　国内主要机场发行债券筹集资金部分情况

债券发行人	发行时间（年）	期限（年）	筹资额（亿元）	品种
北京首都机场	2005	10	20	公司债券
	2006	10	40	公司债券
	2010	5、7	49	公司债券
	2014（截至 5 月）	270/365	30	短期融资券
上海虹桥机场	2000	5	13.5	可转换债券
	2005	5	35	可转换债券
	2007	10	25	公司债券
广州白云机场	2005	5	28	可转换债券
	2007	183/365	15	短期融资券
	2008	122/360、1	15	短期融资券
	2009	1、270/360	8	短期融资券
	2010	1	20	短期融资券
	2011	1	15	短期融资券
广东省机场管理集团公司	2006	10	10	公司债券（用于新白云机场扩建）
	2010	7	12	—
深圳宝安机场	2011	1	1	短期融资券
	2011	6	20	可转换债券
	2012	3	6	—
	2014	1	5	短期融资券
	2006	1	7.4	短期融资券
海口美兰机场	2008	1、273/365	7.4	短期融资券
	2011	7	8	—

资料来源：根据这几家公司发行债券或短期融资券公告整理而来。

从机场投融资体制上看，我国正在改变过去以中央财政为主导的投融资体制，改以地方财政为主、中央财政撬动、广泛吸纳社会民间和国外资本的投融资体制。这意味着高度集中的投资决策被分散的、多层次的投资决策所代替；单一的国家财政投资体制被多元化的投资渠道所代替；投资主体的单一化被投资活动的市场化所代替。目前，我国机场建设资金主要来源于国家投资、各级地方政府投资、企业自筹、以银行贷款、以股权和债券形式吸纳社会资本和外资等多种渠道，其中利用股票和债券融资的比例迅速上升，证券市场在解决机场建设资金的问题上将发挥着越来越重要的作用。

（二）航空租赁成为解决航空运输企业资金不足的主要途径

1960 年，美国联合航空公司以杠杆租赁方式租赁了一架民用运输机，开创了现代租赁飞机的先河。此后，飞机租赁业进入了一个快速发展阶段。飞机租赁是集融物与融资为一体的新型现代融资租赁，满足了航空企业快速周转资金的要求，成为各国飞机融资的基本手段之一。由于受到资金压力困扰，全球的航空公司越来越倾向于租赁飞机，而不是购买。在过去的 20 年里，租赁飞机在整个飞机市场的占比翻了一倍，达到 40% 左右，未来还将继续增长。目前在国外航空业发达的国家，甚至超过 60% 的飞机不是航空公司拿钱购买的，而是通过租赁方式实现的。飞机租赁对航空公司来说，只需按期支付租金，就拥有飞机的使用权，大幅降低资本支出和飞机跌价的风险。

航空运输业的载体是飞机，是一个具有高投入、高风险、低收益和竞争激烈的资本密集型行业，平均利润率不超过 4%，天文数字般的资金需求单靠行业自身积累是远远不够的，必须通过外部融资解决。伴随着世界民航业的快速发展，航空飞机租赁（简称“航空租赁”或“飞机租赁”）业应运而生。航空飞机租赁是指在一定时期内出租人把飞机提供给承租人使用，承租人则按租赁合同定期向出租人支付租金，出租人拥有飞机的所有权，承租人取得飞机的使用权。航空租赁业务从本质上讲是集飞机采购、融资、租赁、资产管理、法律、技术、市场、销售等业务为一身的特殊的、具有金融性质的航空服务。航空租赁扮演着联系民航运营实体与金融资本的重要角色，成为航空运输企业解决资金来源的主要途径。

长期以来，我国航空租赁市场一直被国外金融租赁企业所占据和主导。我国航空租赁业起步较晚，不到10年的时间，我国航空租赁市场从无到有、从小到大，多层次的航空金融租赁生态系统已形成。自2007年以来，随着《金融租赁公司管理办法》的颁布，国内第一批银行系金融租赁公司成立。数据显示，2007年，中国租赁公司提供了43架飞机，只占中国民航机队的5%。直到2008年，一批接受银监会监管的金融租赁公司成立，这一现象才有所好转。2013年，中国的租赁公司出租了300架飞机，占中国机队的14%，2014年则达到38%，预计未来5年将占据半壁江山。2013年12月，国务院印发的《关于加快飞机租赁业务发展的意见》提出，加快发展飞机租赁业要全面实施“三步走”战略，即在2015年前、2015~2020年、2020~2030年，通过不断营造有利的政策环境，加强政府引导，支持飞机租赁企业发展国内、国际市场，打造飞机租赁产业集群，使我国成为全球飞机租赁企业的重要聚集地。随着飞机租赁行业整体定位定调，中国相关政策配套也开始出台。比如，2014年3月，银监会颁布了新修订的《金融租赁公司管理办法》，引导金融租赁公司纵向深耕特定行业，将有利于诸如航空等资金需求较大的行业构建产融结合的金融平台；2014年6月，财政部、海关总署和国家税务总局联合发布了《关于租赁企业进口飞机有关税收政策的通知》，暂免征收购机环节购销合同印花税；2014年6月，国家发展和改革委员会发布了《关于飞机租赁企业订购国外飞机报备的通知》，打通了境内租赁公司批量采购进口飞机的通道。由于中国飞机租赁市场潜力巨大，再加上有关政策的支持，近年本土租赁业异军突起。目前全球前15大飞机租赁公司中，已经出现两家中资企业的身影，分别是工商银行下属的工银租赁和国开行下属的国银租赁。作为快速增长的航空市场和航空制造业大国，中国正加快向国际飞机租赁大国挺进。

2017年在以注册资金为序的中国融资租赁企业十强排行榜中，天津渤海租赁以221.01亿元人民币位居榜首，浦航租赁以126.83亿元紧随其后（见表3－4）。其中工银租赁和国银租赁、交银租赁已经拥有国外飞机承租人。国内从事飞机租赁业务的租赁公司可划分为两类：一类是拥有航空产业背景的融资租赁公司，如长江租赁、天津渤海租赁、奇龙航空租赁和中航租赁；一类是由国内银行组建的具有雄厚金融产业背景的银行系金融租赁公司，如国银租赁、工银租赁、交银租赁、民生租赁等。2014年，工银租赁交付运营的飞机突破200架，其经营和管理的飞机已超过400架，飞机资产价值超过600亿元人民币，稳居国内第一，跻身全球前十。国银租赁是我国第一家开展航空租赁业务的租赁公司，航空租赁业务使国银租赁率先走出国门。2015年8月，国银租赁、中国国际航空公司和法国外贸银行合作开展了2架飞机法税租赁交易，2015年9月22日，国银租赁签下价值30亿美元的订单，引入30架波音737飞机，目前机队规模190架，客户遍布23个国家和地区的42家航空公司。

表3－4 2017年融资租赁十强企业排行榜（以注册资金为序）

排名	公司名称	注册时间（年）	注册地	注册资金（亿元）
1	天津渤海租赁有限公司	2008	天津	221.01
2	浦航租赁有限公司	2009	上海	126.83
3	国银金融租赁股份有限公司	1984	深圳	126.42

续表

排名	公司名称	注册时间（年）	注册地	注册资金（亿元）
4	远东国际租赁有限公司	1991	上海	125.35
5	平安国际融资租赁有限公司	2012	上海	122.11
6	工银金融租赁有限公司	2007	天津	110.00
7	长江租赁有限公司	2004	天津	107.90
8	芯鑫融资租赁有限责任公司	2015	上海	106.50
9	郎丰国际融资租赁（中国）有限公司	2016	珠海	103.50
9	上海易鑫融资租赁有限公司	2014	上海	103.50
10	鑫海（珠海）融资租赁有限公司	2016	珠海	93.58

资料来源：根据中国租赁联盟网站公布的资料整理而来。

国内航空租赁业的快速发展，成为航空运输业的助推器。一方面，为民航企业拓宽融资渠道、缓解资金压力、优化资本结构、降低经营成本、迅速扩大资产规模提供了重要手段，飞机租赁使航空公司能够保持机队配置的灵活性，及时更新换代，优化机队结构，从而不仅有利于快速应对市场变化，有效降低金融风险，也有利于保证飞行安全，提高市场竞争能力。另一方面，拓宽了金融服务领域，增强了金融资本与实体经济的结合，加速了金融业的国际化进程，提高了金融企业中间业务利润水平，国内租赁企业作为飞机资产专业买家，大批量稳定采购，也有利于促进国内航空制造业的发展。截至 2017 年年底，我国共有运输航空公司 51 家，比上年年底净增 5 家，按不同所有制类别划分：国有控股公司 38 家，民营和民营控股公司 13 家。全部运输航空公司中：全货运航空公司 6 家，中外合资航空公司 11 家，上市公司 5 家。2017 年，我国航空公司运输总周转量保持了两位数的快速增长，全年运输总周转量首次突破千亿吨公里，达到 1083.1 亿吨公里，同比增长 12.5%。在航空客运市场方面，2017 年，我国航空公司共完成旅客运输量 5.52 亿人次，同比增长 13.0%，增速较去年提升 1.1 个百分点。其中，国内、国际航线分别完成 4.96 亿人次、0.55 亿人次，同比分别增长 13.7%、7.4%。在航空货运市场方面，2017 年航空货运市场总体保持平稳增长态势，我国航空公司共完成货邮运输量 705.8 万吨，同比增长 5.7%。国内、国际航线分别完成 483.7 万吨、222.1 万吨，同比分别增长 1.9%、15.0%，国际航线货运增速始终高于国内航线。2005 年以来，我国航空运输业一直占世界第 2 位。目前，中国的航空公司通过租赁方式引进飞机的比例高于全球平均水平，一般行业内默认的数据是，中国的航空公司有 60% 以上的飞机是租赁公司提供的。

2015 年 9 月，中国航空器材集团、工银租赁和国银租赁与美国波音公司签署了订购 300 架波音飞机的协议，其中工银租赁和波音公司签署了 30 架 737－800NG 的购机协议。目前很大一部分飞机订单都是通过融资租赁的方式实现的，此次多家采购租赁公司参与采购，这也说明国家鼓励在这方面的金融创新。国内融资租赁公司在积极支持国外飞机“引进来”的同时，也在积极地支持国产飞机“走出去”。2015 年 9 月 16 日，工行旗下的全资子公司工银租赁在第十六届北京国际航空展期间，与中国商用飞机有限责任公司（简称“中国商飞公司”）和泰国都市航空签署了 10 架 C919 及 10 架 ARJ21 飞机采购租赁合作备忘录。这是工银租赁深耕国际市场、支持国产飞机“走出去”的重要实践与突破。2015 年 11 月 2 日，我国自主研制的 C919 大型客机在上海正式下线，标志着该型客机已达到可进行地面试验的状态，并于 2017 年 5 月 5 日实现首飞。C919 安装了 168 个乘客座位，采用新技术、新材料、新工艺。主要竞争对手是波音 737 和空客 A320 机型。根据市场预测，C919 未来总销量有望达到 2000 架次左右，将开启高达万亿元的市场空间。

波音公司发布的《2014 中国市场展望》预测，未来 20 年，中国将需要 6020 架飞机，总价值达 8700 亿美元，到 2032 年中国民航机队的规模将达到现有机队的三倍，到 2033 年中国航空公司的新飞机需求量将占亚太地区总需求量的近 45%。数据充分说明中国的航空金融租赁市场潜力巨大。今后 20 年，是我国飞机租赁业发展的黄金时期，也是飞机租赁业作为新兴高端产业，推动航空制造、航空运输以及航空金融业快速健康发展的时期。波音民用飞机集团市场营销副总裁兰迪·廷赛斯指出："中国的航空运输市场正在发生巨大的变化，航空租赁公司、低成本航空公司等新兴商业模式、新一代高效飞机的涌现以及消费者不断演进的消费方式正在驱动新的增长以及未来的航空发展趋势，即更多点对点的直飞航线。"

航空租赁也为减轻经济周期变化对航空业的影响提供了部分化解方案。比如航空租赁公司在经济处于低谷时，往往加大采购订单，在经济处于高峰时，有意控制订单数量。这种反周期的操作，有效地缓解了航空业受经济周期变化的冲击。

第四节 金融为航空经济发展分散和降低市场风险提供服务

航空运输业是一个高成本、高风险、低利润的行业，航空业成败的关键在于控制风险的能力。当代金融的发展为航空业提供了转移、分散、降低和规避风险的多种渠道。

一 航空保险分担了航空运输业的风险

从 1903 年莱特兄弟发明飞机以来，人类对于翱翔蓝天的探索就没有停止。作为一项具有较高风险的活动，航空保险业也随之而生。

在此后的一个多世纪中，人类的航空技术取得了长足的进步，有关航空赔偿的原则、责任制度、赔偿标准等也发生了许多变化，形成了一套独特的航空赔偿体系。

民用航空从一开始最基础也是最高的要求就是“安全”，为此全世界最先进的技术和管理方式都被运用到飞行安全的保障上。通过制造、运营、空管等不同工种的相互协作，形成完整的闭合链来保障航班的安全。在这个民航系统的闭合链上，航空保险成为最后一道风险保障，从航空业发展之初，就与其相伴相生。

航空保险是以民用航空活动中涉及的财产、人身及相关经济利益为保险标的的各种保险的总称。航空保险是一个综合概念，它提供的保障范围包括航空器机身险、航空承运人法定责任保险、航空旅客人身意外伤害险、航空产品责任保险等。在民航空运中，不仅乘客坐飞机有风险，空运的货物有风险，而且航空公司“开”飞机也同样有风险。因为乘客或货主购买了机票，航空公司作为承运人就负有将乘客安全和货物及时运抵目的地的责任。如果运送途中出现意外，航空公司有责任对乘客或货物主所受的损失与伤害进行赔偿。航空公司向保险公司投保责任保险后，一旦出现对乘客的人身伤害，赔偿责任就由保险公司替航空公司承担了。飞机价值昂贵，一旦发生空难，标的损失及责任赔偿总额高达数亿美元，因此飞机机身保险通常采取分保、共保及再保险方式承保。

尽管民航客机发生空难的概率非常低，机毁人亡的事件也并不常见。可是一旦发生了事故，基本上都难以保证自身的安全，给遇难者家庭带来了难以承受的伤痛。而遇难者又是家庭的经济支柱，会导致整个家庭陷入经济困境中去。保险固然不能阻止航空事故的发生，但保险公司对投保乘客的经济赔偿，可以在一定程度上解决投保者及其家人今后生活中的困难，不仅起到安定社会的作用，而且给人们乘坐飞机提供了心理保障，有利于航空运输业的发展。航空保险对航空企业的作用更大。通常一架客机上载有一二百名乘客和价值巨大的货物，一旦飞机失事，航空公司就要负担巨大的旅客人身伤害赔偿或货物损失赔偿，对航空公司来说，这可不是一笔小数目。航空公司向保险公司投保责任保险，就分散这一运营风险，一旦发生了保险事故，由保险公司来承担相应的赔偿。飞机的价值高达数亿元，飞机机身保险使得航空公司在发生保险事故后，能获得巨额赔偿，从而不会影响航空公司正常经营。所以，航空保险作为风险管理的有效工具，可以帮助航空企业转移和分散日常的经营风险，一旦发生意外事故，可以有效降低航空企业的损失，为航空企业的正常经营提供了保障。飞行虽然是最安全的出行方式，但是，2014 年 7 月，被业内外人士称作“人类民用航空史上最黑暗的一月”。马来西亚航空 MH17、复兴航空 GE222、阿尔及利亚航空 AH5017 相继遇险，8 天时间，458 人罹难。再加上 2014 年 3 月份失联的 MH370 上的 239 人，人们在悼念的同时，又一次意识到空运的风险。

航空保险起源于 20 世纪初。1911 年，德国的 Providentia Insurance Frankfurt 为一艘飞船承保了机组人员意外伤害保险。第一张民用航空保险单于 1912 年诞生在英国。1918 年，美国出现第一张航空保险单，由 Queen Insurance Company 在纽约签发。一年之后，法国的 France Insurance Company 加入到航空保险业的竞争之中。在日本，第二次世界大战前政府把承保航空保险的权利指派给 Tokyo Marine and Fire Insurance Company。民用航空保险真正得到发展，是第二次世界大战后。航空技术的发展和广泛运用，航空知识的普及极大地推动了航空保险的发展。二战结束后，从空军退役的有关驾驶人员纷纷来到英国劳埃德保险合作社和伦敦其他保险公司就职，从而使保险公司拥有了一批懂得航空技术的专业人才，使航空保险逐步走上正确航线。

到21世纪50年代末、60年代初，航空保险以独特的专业形式变得日趋完善和普及。由于民用飞机的广泛运用和制造成本的巨大，而且空难事故时有发生，使风险高度集中，保险手段变得不可或缺，投保金额也不断攀升。航空保险距今虽然仅一百年有余，但现今已成为航空运输业的生命线，是现代航空业发展的重要稳定和促进因素之一。

中国的航空保险如同中国的航空业一样，起步较晚。1951年7月5日，在中国人民银行的统一领导和部署下，铁路、轮船、飞机的旅客意外伤害实施强制保险的政策开始在全国同时实施。此项业务是中国人民保险公司通过委托交通运输部门代办的，有力地配合了国民经济的恢复和发展，对灾害损失的赔偿、事故善后的处理起到了积极作用。尽管那时飞机航线少，乘客也少，但也形成了中国航空保险的最早雏形。真正的商业性航空保险是1974年开始的。当年，民航遵照周恩来总理“中国民航要飞出国”的指示，计划同年首飞伊朗、法国和阿尔巴尼亚。在执行这组飞行任务时，国外的航管部门和机场要求民航提供有效的、符合国际惯例的飞机保险单和保险凭证。1974年9月，当时国内唯一一家保险公司中国人民保险公司为中国民航出具了第一张符合国际惯例的飞机保险单，承保了两架波音707飞机和两架伊尔62型飞机。1975年中国人民保险公司天津分公司率先开办了国际航线的旅客人身意外险，成为中国最早的飞机旅客保险的试点单位。直到20世纪80年代末，中国才开始普遍办理中国航空旅客人身意外伤害保险。中国航空保险起步虽晚，但迅速发展的中国民航事业为航空保险提供了广阔的发展空间。航空保险的迅猛发展，对促进我国航空运输业的发展起到了积极的保障作用。例如，1990年10月2日，三架波音飞机在广州机场碰撞，一架烧毁，一架撞毁，一架撞坏。120多名旅客、7名机组人员死亡，90余名旅客受伤。中国人民保险公司承保的三架飞机机身险保额合计8000万美元，责任险每架飞机最高责任限额7.5亿美元。由于航空事故前三架飞机的机身险各责任险分别以80%、86%的分出额，向伦敦保险市场进行了分保，事故后及时得到了外汇补偿。

二　金融衍生工具为航空运输业降低和规避市场风险提供了渠道

航空业受经济形势影响很大。大量的资金投入和油价、经济环境的影响，再加上激烈的市场竞争带来的价格压力，导致航空业成为相对脆弱的行业，抵御风险的能力弱，需要利用多种手段进行风险管理。金融衍生品市场的发展，为解决航空运输企业分散、降低、规避市场价格波动而产生的风险提供了渠道。比如油价的风险、汇率的风险等，金融市场提供了套期保值、结构化对冲等多种工具，供航空公司使用，有效地分散和降低了市场风险。航空公司做金融衍生品业务，其目的仅仅是规避风险、锁定成本，绝不是为了投机。航空公司的航油支出，飞机的引进、维修、保养，航材采购，航材储备，劳动力成本支出，税费支出，每一项都是刚性成本。仅航油一项就占航空公司总成本支出的30%～50%。而航空公司作为石油产品（航油）的消费大户，石油价格的波动牵动着航空公司的利润与收益，甚至是生存与消亡。进入21世纪以来，国际油价的剧烈波动，使得我国航空公司必须使用一些金融衍生品交易进行套期保值来锁定航油成本，航空企业通过套期保值策略规避航油价格波动风险，既可以锁定生产经营成本，也可以防止不利的价格波动带来的成本风险。航空公司不但可以利用石油期货市场进行套期保值，而且还可以利用现货、期货、远期合约、期权等各种衍生品工具构建套保组合以达到更好的套保效果。以此来保证其成本波动的可接受性以及其收益的稳定性。

20世纪80年代国际石油远期合约和期货合约的出现，无疑成为石油市场进行自我完善的基础，通过相应的价格形成机制，摆脱了传统的死板定价的束缚，现货价格与期货价格开始挂起钩来，并且逐渐发展成为今天这样规模庞大的石油衍生品市场。20 世纪 90 年代以来，石油及其相关产品的期货市场发展迅猛。与此同时，场外交易市场的远期、掉期、期权等石油及其相关产品的衍生品交易也层出不穷。无论是从时空布局、交易规模、交易方式、产品种类、市场参与者结构还是市场功能来看，石油及其相关产品的衍生品市场已然成为国际石油市场不可或缺的一个重要组成部分，而且在国际经济格局中发挥着越来越大的作用。石油衍生品的种类与结构几乎是所有衍生品里最为复杂的，这一方面与石油这种能源本身的相关商品种类繁多，相互之间有一定的比价或是差价有关；另一方面与石油交易方式、交易流向和计价体系的复杂性也有着直接关系。以传统的实货交易（Wet/Physical，包括即期现货和远期现货，即 Spot 和 Forward）为基础，石油衍生品几乎涵盖了所有的金融衍生品种类。目前，全球范围内运作最为成功的石油期货市场有美国纽约商品交易所和英国伦敦洲际交易所，这两个市场在全球石油市场格局和价格体系中发挥着主导作用，纽约交易所上市交易的西德克萨斯中质原油（WTI）期货合约和洲际交易所上市交易的布伦特原油（BRENT）期货是全球石油交易市场最为重要的两个定价基准。此外，以西北欧 ARA 地区（Amsterdam – Rotterdam – Antwerp）、地中海地区、美国海湾及纽约地区、加勒比地区、新加坡五个石油现货市场和纽约商品交易所、洲际交易所两个石油期货交易市场为基础的场外交易的石油及其相关商品的衍生品市场（OTC），几乎覆盖了全球主要的经济发达国家和地区。新加坡交易所还于 2010 年 1 月推出燃料油期货，同时保留此前在亚太地区已经形成重要市场地位的燃料油纸货（合约到期后不进行实物交割，而是现金结算）及柴油、汽油、石油脑等六大纸货品种。对于我国国内期货市场来说，2009 年 12 月天津渤海商品交易所也正式推出了原油现货交易合约，与此同时，上海石油交易所也推出了燃料油现货连续交易模式，上海期货交易所对原油期货及其相关产品开发也已基本完成，原油期货上市指日可待。

第五节 航空金融创新加速了航空经济的发展

每一次航空金融领域的创新，都会促进航空业务成本的降低或资金供给的增加，从而推动了航空经济的加速发展。

一 航空租赁创新为航空经济提供了更多的资金支持

由于飞机单位价值巨大，航空企业直接购买困难相对较大，所以很多企业都倾向选择具有融资和分期付款于一身的航空租赁作为飞机购买的一种方式。

相比购买飞机，租赁飞机显然成本更低，灵活度更大，因此已成为各大航空公司更新和扩充机队的重要手段。航空公司采用租赁飞机投入营运，避免了航空公司巨额耗资以购买大批先进飞机，从而大大加快了航空公司陈旧机群的现代化进程。对于民航业而言，航空租赁已成为民航企业拓宽融资渠道、缓解资金压力、优化资本结构、节约资产管理成本的重要手段。飞机租赁使航空公司能够保持机队配置的灵活性，及时更新换代，优化机队结构，从而不仅有利于快速应对市场变化，有效降低金融风险，也有利于保证飞行安全，提高市场竞争能力。国内租赁企业作为飞机资产专业买家，大批量稳定采购，也有利于促进国内航空制造业的发展。

从 1980 年我国首次采用外国投资减税杠杆租赁的方式引进两架波音 747SP 飞机至今，飞机租赁业迅速发展。2007 年以来，随着国家对银行开展金融租赁业务逐步放开，国内金融机构纷纷投资成立金融租赁公司，而飞机租赁业务是这些金融机构关注的重点。近年来航空公司租赁的飞机所占比重越来越大，飞机租赁对航空公司的作用越来越大，国内飞机租赁业也不断推出了众多的飞机租赁创新产品，以满足航空公司的需要。2009 年，工银金融租赁有限公司为南航安排了两架新波音 777 货机保税租赁项目，设立单一项目公司作为飞机引进的载体，使飞机租赁项目享受到飞机进口 1% 关税、4% 增值税的优惠待遇，又避免了境外租赁公司 6% 的税，从而大幅降低了飞机的引进成本。在购机价款的支付方式上，工银租赁引入了人民币结算，这拓宽了人民币的结算范围，有力地推动了人民币国际化的进程，为中国企业和中国金融业“走出去”提供了重要支持。长期以来我国无法在国外直接采购飞机，2011 年 6 月，工银租赁与空客公司签署 42 架 A320 系列飞机订购协议，实现了直接向飞机制造商批量订购飞机的重大突破。此次购机在租赁公司直接纳入政府购机计划、直接从国外批量采购飞机、获得与国外公司同等购机条件等诸多方面均为“首次”，为中国金融租赁公司的发展探索了新的道路。更重要的是，通过这个项目为今后利用租赁公司促进国产 C919 飞机国内外市场销售进行了重要铺垫。2012 年 12 月，工银租赁还将天津空客总装线组装的 A320 飞机，首次出口到境外，租赁给马来西亚的亚洲航空，这不仅开创了我国组装 A320 飞机出口境外的历史。更重要的是，探索了未来国产大飞机进军海外市场的道路，积累了经验并进行了先期的准备和铺垫，具有重要的战略意义。

2014 年 8 月 12 日，由海南航空、海航资本、金海重工、香港航空、香港国际金融等大型金融公司、航空公司、造船企业共同出资组建的深圳前海航空航运交易中心有限公司（简称“前海航交中心”）正式开业，主要经营范围为航空航运资产交易、航运配套服务产品、航运金融产品及航运指数产品等。在开业仪式上，完成国内首单跨境贷飞机融资租赁，通过前海航交中心平台，天津渤海租赁与交通银行、顺丰航空合作，利用跨境人民币贷款，完成两架 B737 货机保税区 SPV 飞机租赁业务。该项目是国内首单跨境人民币贷款 SPV 飞机租赁项目，是国内融资租赁行业的重大金融创新。

国内航空租赁业的发展与创新，不仅拓宽了金融服务领域，增强了金融资本与实体经济的结合，加速了金融业的国际化进程，提高了金融企业中间业务利润水平，为国家创造了长期稳定的财税收入，而且国内租赁企业作为飞机资产专业买家，大批量稳定采购，也有利于促进国内航空运输业与航空制造业的发展。飞机租赁业的发展与创新，又推动了中国低成本航空公司和民营航空公司大量产生，促进了航空经济的快速发展。

二 航空产业投资基金为航空业的发展增加了一条直接融资的渠道

航空产业投资基金是一种市场化的资源配置方式，为航空工业的发展增加了一条直接融资的渠道。为了更好地利用资本的力量整合航空产业、完善航空产业链，中国航空产业投资基金应运而生。

2010 年，中国第一支投资于航空及相关应用领域的基金——中国航空产业基金，由中国航空工业集团公司和中国建设银行共同发起设立，该航空产业基金由中航工业和建设银行各自旗下的子公司共同组成的管理公司——天津裕丰股权投资管理有限公司负责管理，第一阶段拟募不超过 50 亿元人民币，远景目标规模达到 200 亿元。中国航空产业基金作为一种金融创新，成为连接产业市场与金融市场的桥梁、融合产业资本与金融资本的平台，具有重大的战略意义和现实的经济效益。航空产业基金的设立，为航空工业的发展增加了一条市场化的直接融资渠道。基金不但可以吸引金融资本和民间资本进入航空工业，为航空工业提供便捷的、高效的进入资本市场的通道，同时通过参与航空企业的整合和资本运作，为基金的投资者带来优良的业绩回报。

三 互联网航空金融助力航空运输业的发展

（一）前海航交所打造互联网航空航运金融新业态

2014 年 10 月，前海航交中心大胆创新，将航空、航运领域资源与互联网金融新模式结合，形成“资产投融资 + 资产交易”商业闭环，开启行业模式先河，推出“航金宝”“航融宝”“航资宝”“航益宝”等线上“四宝”，创新“互联网 + 航空航运 + 金融”P2B 新模式。走出一条前所未有的互联网创新模式，结合互联网技术，来改变航空航运交易模式。前海航交中心互联网金融平台是利用互联网技术和移动通信技术等一系列现代信息科技技术实现资金融通的一种新兴金融模式。在此种模式下，市场信息不对称程度非常低，资金供需双方能够通过网络直接对接，交易成本大大减少。

作为 P2P 模式的延伸，P2B（Person-to-Business）互联网投融资服务，构建以互联网金融服务产品、航空及航运资产交易产品等为核心的一站式公共投资理财平台。互联网金融投资产品包括：以租赁资产收益权、应收账款投资产品为核心的“航金宝”，以飞机抵押融资类通航融资产品为核心的“航融宝”，以船舶资产证券化投资产品为核心的“航资宝”，以企业航线收益权、机票应收账款等为标的，形成以权益为主体的融资服务的“航益宝”等。P2B 业务系统平台的开通，可以促进航空及航运业相关市场主体参与，满足众多的航空航运市场需求，提供全面、专业、高效、便捷的交易体验及服务。产品不只是资产交易，投融资才是重头。

前海航交所通过打造“互联网 + 航空航运 + 金融”的融合生态体系，并推出互联网金融平台、飞机交易电商平台、船艇交易电商平台三大公共平台，分别为个人和机构投资者提供投资理财渠道，为行业客户提供通航飞机、船舶及游艇的销售交易和融资业务，构建专注于产业的“资产投融资+资产交易”的闭环商业模式。

（二）中航·生意贷打造航空产业互联网金融平台

2015年2月5日，友邦永利金融信息服务（上海）有限公司旗下P2F2B互联网金融平台——中航·生意贷首家航空产业互联网金融平台上线，填补我国专业航空金融平台空白。中航·生意贷携手国内外银行、航空产业专项基金和融资租赁公司，共同打造线上金融和线下金融相结合的互联网金融平台。致力于引领航空产业金融的普惠化，成为国内外最具影响力的互联网金融平台。中航·生意贷通过结合航空产业与互联网金融，来贯彻其普惠航空产业投资的理念，真正将民间投资带入航空领域，助力我国航空产业的发展。在业务模式上，中航·生意贷筹资的款项仅占购买飞机款项的30%，另外70%主要使用外资力量来完成融资。目前，中航·生意贷旗下投资标的主要分为四种：飞机租赁、航空产业、航运租赁和公用事业。租赁业务的投资门槛为100元，产品主要分为3个月、6个月和9个月，而收益率也可以达到8%～16%。中航·生意贷也是全球首家专注于P2F2B模式的互联网金融平台，将航空产业与融资租赁相结合的业务模式，依托中国前景广大的飞机租赁市场，给用户带来了丰硕的收益。根据中航·生意贷官网最新数据显示，截止到2015年11月17日，平台累积成交额突破1个亿，为用户赚取收益达1580余万元。

2015年8月，由山东荣利能源集团和中油立业涂装集团投资成立的新疆乌苏市天运通用航空有限公司引进凯洛斯融资租赁（上海）有限公司（简称“CALS”）和好友邦永利金融信息服务（上海）有限公司融资合作的首架贝尔407GX直升机，在新疆石河子市山丹湖通用航空机场试航取得圆满成功，并于8月25日在该机场举行交接仪式。该直升机融资项目是由CALS以售后回租方式为承租企业山东荣利中石油机械有限公司、乌苏天运通用航空有限公司等其他股东共同融资3000万用于向贝尔直升机德事隆公司引进国际领先技术的407GX直升机，这也是CALS和中航·生意贷首次在实践中将通用航空产业与互联网金融相结合的一种创新模式。其将互联网金融与航空产业相结合，真正将民间投资带入航空高端领域，进而有效解决飞机引进过程中的融资难题，拓宽投资人投资渠道，真正体现了普惠金融理念，同时也为我国航空产业的发展提供了有效的金融支持。

总之，金融业在航空经济的发展过程中，不仅是解决其资金需求问题，更重要的是通过金融业的介入，解决社会资源向航空业分配、集中和优化的问题，解决航空业发展过程中的风险分散和风险管理问题，从而促使航空业快速和健康发展。

第四章

国外金融支持航空经济发展的经验与启示

第一节 国外金融支持航空经济发展的经验

金融支持航空经济的发展，也就是金融对航空业和航空相关产业发展的支撑作用，既包括通常所指的各种有针对性的支持某些产业加快发展的政策措施，也包括各种商业金融的日常运作对航空产业发展所起的基础性支撑作用。国外航空经济发达的国家，都是充分发挥了金融的力量，将金融资源和航空经济有机地结合起来，达到了双赢的结果。

一 美国航空经济发展的金融支持

美国无疑是航空经济强国，航空业发展的一举一动让全世界都在关注。为保障民用航空工业的发展，美国在其金融市场基础较为发达和完善的情况下，其措施以政策性手段调节市场失灵为主。

（一）以政府担保贷款的方式提供产业发展的有效需求

美国政府为了促进民用航空工业的发展和创新，采取了政府信贷、提供信贷担保、建立科技信贷银行等多种措施，其中比较重要和常用的手段就是政府担保贷款。1967 年，道格拉斯公司濒临破产，不得不选择与麦克唐纳公司合并。美国政府不仅批准了合并案，还提供了一笔价值 7500 万美元的贷款担保，以推动合并进程。20 世纪 60 年代末，洛克希德公司由于L－1011的销售业绩较差，无法盈利以弥补研发成本，处于濒临破产的边缘。1971 年，尼克松政府为其提供了一笔 2.5 亿美元的贷款担保，使得洛克希德公司可以暂时维持营业。美国的航空公司在“9·11”后很多都陷入困境甚至开始申请破产保护。2002 年，美利坚航空公司向联邦破产法院申请破产保护后，由瑞士信贷第一波士顿和美国银行为首的一个财团向其提供了 5 亿美元破产保护融资，同时美国政府为其提供了 9 亿美元的联邦贷款担保。

（二）以政策金融支持航空产业发展

美国飞机出口信贷的主要提供机构是美国进出口银行。美国进出口银行（简称“EXIM”）是一家独立的美国政府机构，1934 年成立，其主要职责是通过提供一般商业渠道所不能获得的信贷支持促进美国商品及服务的出口，以低成本信用的形式为本国企业提供出口补贴，维持美国出口商在信用条件上的竞争优势。目的是鼓励美国企业出口，为美国公司出口提供贷款、贷款担保和信贷保险等业务，同时也为一些面临国外低价进口商品竞争的国内产品生产提供支持。美国进出口银行虽然 90% 的业务合同是同小企业发生的，但为小企业提供的贷款金额仅占 18%。其主要业务就包括为波音和原麦道公司的飞机出口提供资产担保融资，并提供低利率贷款作为出口融资。据统计，仅 1967～1977 年，美国进出口银行为 1185 架、总价值 128 亿美元的大型民机提供了共计 57.7 亿美元的出口信贷。而另一项统计更是表明，在 1957～1987 年，在美国进出口银行 370 亿美元的出口融资总额当中，有 191.6 亿美元为飞机融资，比重高达 51.8%，以致被业内戏称为“波音的银行”。进入20世纪80年代后，由于受到LASU（大型民机部门谅解备忘录）的限制以及商业银行对飞机融资项目积极介入的影响，政府出口信贷对大型民机产业的扶植作用开始逐步减弱，但美国进出口银行仍然继续保持着相当大的大型民机出口信贷规模，如在1998～2004年，美国进出口银行便为波音飞机出口提供了280亿美元贷款，占同期该银行出口信贷总额的52.8%。

（三）以政策为导向，运用资本市场的力量促进航空产业发展

民用航空工业是技术密集型、资金密集型的高技术产业，规模经济的发展有利于产业的良性运作。如果供应商太多，就不能充分从规模经济中获益，而且不能保证必要的科技开发费的投入，难以使整个产业保持良好的发展势头。从1993年开始，在美国政府的直接授意下，通过资本市场，美国的民用航空工业企业开始掀起了一浪又一浪的兼并重组高潮。1995～1996年，美国航空企业兼并和合并的达15家以上。1996年8月，波音公司宣布出资32亿美元收购罗克韦尔公司的防务和航天分公司，同年12月15日，波音公司又宣布出资131亿美元兼并麦克唐纳·道格拉斯公司，从而成为世界第一大航空航天公司。在波音对麦克唐纳·道格拉斯的兼并过程中，从表面上看是因为美国国防部取消了对麦克唐纳·道格拉斯飞机的订单，但订单的取消，直接影响了麦克唐纳·道格拉斯公司的资金链，麦克唐纳·道格拉斯公司被兼并的命运也就不可避免了。在一系列的收购兼并过程中，美国的资本市场和商业银行通过股票互换、杠杆融资等金融手段有力地促进了这些交易的成功进行。通过兼并重组，航空制造企业一方面壮大了经营实力，优化了内部资源配置，加强了新产品开发，保证了在竞争中的优势地位；另一方面强化了金融市场和资本市场对企业的信心，有利于企业的可持续发展。

服务业正在成为民用航空工业重要的业务增长点。波音公司明确

提出，要“发展核心业务，开发服务产品，开拓全新领域”，成立了波音金融公司，开始向服务市场渗透，着力由单纯的产品制造商转变为产品和服务供应商。在波音之前，GE、卡特彼勒、IBM 等大型集团都已经成立了金融公司来对集团产品销售提供金融服务。作为一种重要的融资手段，金融租赁在企业大型固定资产融资上起着重要的作用。金融工具和金融服务，在未来行业发展方面的作用会日益显著。波音公司通过金融租赁加资产证券化的方案，解决了空军在没有足够经费的情况下，购买价值 1000 亿美元大型加油机的困境，凸显了金融服务在行业发展过程中的作用。伊拉克战争中美国空军向波音公司购买波音 767 级别的大型加油机 100 架，总价值在 1000 亿美元左右，但是经费没有落实。波音公司愿意接下订单，资金问题却是一个困扰。以花旗银行为首的华尔街银行提出通过建立一个特殊实体 SPV（Special Purpose Vehicle），采用金融租赁加资产证券化的方式解决了该难题。SPV 把飞机买下来，再租给国防部；另外，SPV 通过发行 Enhanced Equipment Trust Certificates（设备信托凭证）从金融市场筹资。利用金融创新把一次要付出的巨额资金化整为零到许多年份，解决了企业产品销售与政府预算之间的矛盾。

（四）私募基金对航空产业起到了重要的推动作用

资本市场是航空经济发展的助推器。资本市场对于美国航空工业的发展起到了极大的促进作用，特别是 PE（私募股权投资基金）在其中扮演了重要的角色。PE 的参与为航空工业开拓了融资渠道，建立持续融资平台，以满足持续发展的资金需求。更为重要的是，PE 参与了大量航空制造企业的并购、分拆等业务，整合资源、实现外延式发展、更好地塑造核心竞争力，实现了整个产业的资源优化配置。美国航空工业的重组改制中，私募基金起到了重要的推动作用，也为私募基金带来了丰厚的回报。

美国势必锐（Spirit）公司成立于2005年，前身是波音公司的威奇塔分部，波音在确定了其大型系统集成商的产品战略定位后，将以机械加工和部分装配为主的威奇塔工厂卖给了加拿大最大的私募股权投资基金奥耐克斯（Onex）。Onex由前贝尔斯登（Bear Stearns）的合伙人Gerry Schwartz创立，一直被视为加拿大私募基金业的领导者，进行了大量的国际并购活动。在收购波音威奇塔分部并将其改组成Spirit后，Onex为Spirit制订了雄心勃勃的发展计划，使其成为世界民机产业链中非常重要的一个一级供应商，除波音外，全球主要的民机制造商包括空客、庞巴迪等都成了Spirit的客户。同时，借助Onex进行全球并购的丰富经验，Spirit继续并购其他的民机零部件供应商，进一步整合资源、发展壮大。Onex和Spirit之间的这种合作，堪称是PE参与全球民机产业供应链重组整合的成功典范。

凯雷集团成立于1987年，是全球最大的私募股权基金之一，管理了32只基金，在航空和国防领域有大量的投资，光在美国就控股了5个航空制造企业：沃特飞机工业公司（Wought Aircraft Industries）是民用和军用飞机机体和零部件的供应商；Aerostrusture Corporation从事大型飞机（包括民用和军用飞机）结构件的设计开发、生产和组装；Sippican是一家生产海洋地理和气象数据收集、船用武器系统的制造商；Forged Metal是一家为航空、电力设施和其他行业生产大型锻件的专业化制造商；United Defense Industries是一家生产装甲车、船用武器系统、导弹发射系统的公司，是美国很多重要的国防项目的一级承包商。凯雷还于2003年从意大利主要的航空企业Finmeccanica手中收购了意大利最主要的生产航空发动机系统发动机短舱的公司Avio，并于2008年成功退出，将股权出售给了欧洲的一家私募基金Cinven；2003年，凯雷收购了英国国防部全资拥有的在国防及相关领域提供战略和技术咨询服务的公司Qinetiq Group Plc，将触角伸向欧洲的防务领域。

（五）飞机租赁是美国航空产业发展的重要支柱

美国是现代租赁业的发源地，也是全球目前最大的租赁市场。自1960年美国联合航空开创现代租赁飞机先河以来，许多美国的航空公司竞相采取租赁的形式引进飞机。美国的飞机制造厂商波音公司和麦道公司（麦道公司于1997年并入波音）、租赁公司、银行和其他金融机构也纷纷参与到飞机租赁业务中来。美国的航空公司主要依靠银行信贷和租赁两种方式来获得飞机，尤其是租赁。在美国以飞机为租赁物的融资租赁也变化出许多种模式，但美国进出口银行担保下的融资租赁和杠杆租赁，是美国飞机融资租赁两种常用的模式。

美国飞机出口信贷的主要提供机构是美国进出口银行，但由于经合组织（OECD）中规定了美国及欧洲出口信贷资金的上限，所以，飞机融资担保中的85%以下的部分可以由美欧出口信贷提供，其余的15%则需要航空公司自行解决或通过商业贷款筹资。飞机融资租赁中的出口信贷机构主要是为购买方，即境外航空公司，提供担保。这一方面使得融资方提供贷款所面临的风险由航空公司的违约风险转为出口国政府的信用风险，大大降低了风险程度，进而贷款利率下降，也就降低了航空公司的融资成本。另一方面，出口信贷担保的审批条件十分苛刻，过程复杂，费用比较昂贵。但总体来说，获得出口信贷担保下的融资租赁对航空公司来说是节约融资成本、获得飞机使用权的措施之一。美国进出口银行对购买飞机的境外航空公司提供出口信贷担保，但规定其购买的飞机和零部件须是美国制造，或者50%以上是美国制造。飞机购买融资担保的申请由飞机制造商协助并代表航空公司向EXIM提出。申请过程：首先，EXIM要了解该航空公司的大致情况、该交易对美国本地飞机制造商的影响以及争取美国出口信贷的真实原因；其次，飞机制造商提出初步申请，提供飞机购买合同的复印件并上呈航空公司近三年财务情况及近期机队融资情况说明等；再次，航空公司需提供该公司十年发展规划的可行性报告；最后，EXIM董事会对项目进行审批。若担保金额超过一亿美元，EXIM还需向国会张贴告示，如国会无人反对，则EXIM做出书面承诺，提供出口信贷担保。这一过程通常需要半年左右。美国进出口银行担保下的融资租赁主要特点：境外航空公司所在国家的商业银行及该国政府需要分别对EXIM进行反担保、主权担保；航空公司需向境外商行和EXIM缴纳担保费，境外商行自行决定其担保费率，EXIM的担保费则是按担保金额的3%一次性缴纳；航空公司还需负担EXIM的担保承诺费、安排费等；EXIM将是此次融资租赁中的一个参与方，相关文件中需增加EXIM的担保协议等有关文件。

杠杆租赁在美国飞机租赁中具有代表意义。典型的美国杠杆租赁包括七类参与人：飞机制造商、出租人、贷款人、承租人、物主参与人、物主受托人、契约受托人。出租人，负责安排交易，收取佣金，担负中介角色；贷款人，一般由银行、保险公司、养老基金等组织担任；物主参与人，即飞机的真正所有权人，享有有关的税收利益；物主受托人，物主参与人并不直接出面，而是设立信托，成为信托人，并将飞机转移给受托人管理；契约受托人，根据贷款人的要求设立，并由其管理债权人的利益。杠杆租赁中的杠杆是指通过使用他人资金来提高自有资金利润率水平的一种方式，金融机构的资金作用即为杠杆效果，即出租人通过贷款将自有资金的利润率在扣除贷款利息等费用之后仍然有所提高。在美国，杠杆租赁是可获得减税的租赁形式之一。在这种租赁模式中，出租人只需投资飞机购买价格的20%～40%的资金，其余的大部分资金则以出租人的名义借贷取得，同时，出租人必须以飞机作抵押并将有关权益转让给贷款人，这样，出租人即可拥有飞机所有权，享有对飞机完全投资的同等税收待遇，并将一部分减税优惠以降低租金的方式转让给承租人，从而使承租人获得较低的融资成本。其中，出租人享有的税收优惠包括投资减税、折旧扣减和不可追索的贷款的利息扣减。由于杠杆租赁交易为出租人和承租人双方都带来了较好的经济效益，因而成为美国租赁市场上主要的飞机租赁形式。

2003 年的伊拉克战争中，美国空军向波音公司购买波音 767 级别的大型加油机 100 架，总价值在 1000 亿美元左右，但是经费没有落实。波音公司愿意接下订单，资金问题却是一个困扰。波音公司通过金融租赁加资产证券化的方案，解决了空军在没有足够经费的情况下，购买价值 1000 亿美元大型加油机的困境，凸显了金融服务在行业发展过程中的作用。以花旗银行为首的华尔街银行提出通过建立一个特殊实体 SPV，采用金融租赁加资产证券化的方式解决了该难题。SPY 把飞机买下来，再租给国防部；另外，SPV 通过发行 Enhanced Equipment Trust Certificates 从金融市场筹资。这是美国空军第一次使用商业的“合成租赁”这种手段来购买设备，利用金融创新把一次要付出的巨额资金化整为零到许多年份，解决了企业产品销售与政府预算之间的矛盾。

二　欧盟主要国家航空产业发展中资金及金融支持

欧盟主要国家都把大力发展航空产业，确定为提升综合国力优先发展的战略性产业并给予重点扶持。20 世纪五六十年代，欧洲的民用航空产业发展滞后，在全球中的地位还无足轻重，为了使欧洲的航空产业迅速发展下去，欧洲各国通过合伙经营的方式成立了空中客车公司，并在此后的 30 年中完成了一体化的进程。空客公司从一成立就得到了欧盟特别是法、德、英、西四国政府在融资、税收、土地等方面的大力支持。进入 21 世纪，欧盟主要国家政府越来越重视航空产业的发展，将其视为欧盟21世纪经济发展的关键领域，高度重视对航空产业科技研究的投入，投入其航空收入的15%用于科研（每年多于90亿欧元），从2003年开始的“第六框架计划”中，首次将航空工业发展单独作为一个发展领域，其首次列入的航空航天技术预研经费投入为10.75亿欧元，占科研总投入（133.45亿欧元）的8%。2014年2月，欧盟委员会通过了有关成员国如何依据欧盟国家补贴规定来支持机场和航空公司发展的新指南，其主要特点是：一是允许国家补贴投资于机场基础设施建设，前提是公共资金对于保障地区间交通是必要的，规定了各种规模机场可以允许的最高补贴额度，以保证公私投资的恰当比例，小机场获得补贴的可能性更高；二是允许在一定条件下给予地区机场（年客运量少于300万）十年过渡期运营补贴，以助其调整商业模式；三是允许给予航空公司开辟新航线的启动补贴。由欧盟第七研发框架计划（FP7）于2007年正式启动的民用航空工业研发创新（R&D&I）联盟“净洁天空”（Clean Sky）计划，目前已形成拥有相对固定的欧盟16个成员的86家机构成员组成的稳定“联盟”伙伴关系和300余家机构参与研发创新项目的研发创新联盟。欧盟委员会按照1:1的资金投入比例支持创新联盟的研发创新项目，2007年至今，平均每年资助近1.2亿欧元，截至目前已累计资助近10亿欧元。创新联盟的科技研发目标任务由欧委会和联盟科学技术理事会共同确立，所确定的民用飞机制造的四大研发目标是：更安全、更绿色、低成本和低噪音。研发创新优先领域的确定、评估和修正由联盟科学技术理事会主导，项目选择、评估及日常管理由其下设的办公室具体负责，欧委会鼓励研发创新成果的转化及转移。为了进一步推进技术发展，2014年欧盟宣布启动“净洁天空计划2”。该计划从2014年6月开始，一直持续到2024年，总投资预计将达40亿欧元，其中，85%的资金将直接投入航空航天产业。

欧盟主要国家对民用航空工业的资金及金融支持，可以从他们对空中客车的直接补贴和间接补贴上体现出来。但是，与一般意义上的财政补贴不同，欧盟各国的补贴具有较强的市场属性。

（一）直接补贴

欧盟各国对空客的直接补贴方式包括向空客集团及其子公司提供开发基金、资本投入、开发及生产成本补贴、保障汇率和经营损失补贴等。A300是欧洲空客集团在法国、德国、英国、荷兰和西班牙等各国政府支持下研制的双引擎宽体客机，1969年9月开始试制，1976年5月交付使用。在空客集团的发展过程中，英、法、德等国政府所提供的直接补贴达260亿美元，使空客迅速发展成为能够与波音抗衡的世界第二大民航机制造商。法国、德国、英国和西班牙均采取“启动援助”的特许权投资的支持形式，目的在于帮助新的民用飞机项目筹措资金。除非项目失败，否则，“启动援助”这一可收回的特许权投资要支付利息，并且根据预先确定的进度进行收回。英国的“启动援助”是针对新飞机、直升机、航天引擎的研发与上线生产，一般给予50%～60%的财务支持。1992年后“启动援助”的资金大幅降低，根据欧盟和美国的协定，空客各国实体公司所获得的“启动援助”支持应低于公司全部开发成本的三分之一。

英国的Launch Aid（开发支持）也属于对航空产业的直接补贴，但这种开发支持含有风险分担成分，严格来说是一种投资形式。政府对新飞机、直升机、航天引擎的研发与上线生产一般给予50%～60%的财务支持，即所谓的Launch Aid补助金。因整机与引擎研制风险高、回收期长，初始投资巨大，英国政府对整机与引擎的研发均提供Launch Aid，例如拨款3000万英镑帮助英国太空宇宙公司研发A380超大型客机的机翼。飞机补助金在飞机正式交货时开始按架计算偿还，引擎补助金按零配件而非引擎本身偿还。该项补助完全偿还后，政府仍要继续按出售的产品收取权利金，因为 Launch Aid 并非是一种借款，如果研制计划失败，该笔款项就不需要偿还，而由政府承担。当计划取得成功有利润产生时，政府要收取权利金。法国、德国的航空产业由政府提供的直接补助均比英国多，其中德国约为英国的二倍。德国空中客车公司在利润超过某一数量之前，无须偿还 Launch Aid。法国最大的飞机制造商 Aerospatiale Croup 和引擎制造商 Snecma 均为国有企业，均得到政府大量的资本注入。

（二）间接的补贴

空中客车集团成员国持续支持各项大型昂贵的研发及测试工作，其投资之大不是一般企业所能负担的。例如，法国和联邦德国政府保证，分别对法国航宇公司和 MBB 公司在 A300/310/320 项目上给予支持，在各型号达到盈亏平衡点之前，其研制费用的 90% 将得到政府各种形式的贷款。1980～1989 年，空客公司在大型客机销售上所得到的间接补贴远大于美国的制造商。2000 年 12 月，空客在成员国的支持下正式启动了 A380 客机研制计划，当时预计的总投资是 107 亿美元，但随着研发的深入，此数字上升到了 130 亿美元。西班牙政府对 CA-SA 公司在空中客车项目上的亏损，也予以补贴。又如，为发展 A330/340 客机，有关各国政府将贷款 25 亿美元给本国公司。

（三）欧盟航空产业发展的金融支持

欧盟主要国家除了为航空产业提供补贴以外，还提供多方面的金融支持，如提供了低利贷款、担保借款、出口信贷、政府出面帮助企业规避汇率波动对航空企业造成的不利影响等。

三　日本航空产业发展中的金融支持

20 世纪 80 年代日本政府将航空工业列为新兴产业之一，要大力发展民用航空工业。1986 年原通商产业省颁布了重新修订的《航空工业振兴法》，将自主开发“国产化”改为“国际合作开发”，并成立“航空器国际合作开发促进基金”（IADF），给国际合作开发项目提供补助。新的补助制度保留了原来的补贴部分，增加了利息补贴，让项目负责单位向政府系统的日本政府投资银行贷款，IADF 给予利息补贴。

日本对航空产业的金融支持方式还表现为多种租赁方式，主要有杠杆租赁、带购买权的日本经营租赁。日本自 20 世纪 70 年代末涉足飞机租赁后，经过多年的发展，已成为一个重要的国际飞机租赁市场。日本飞机租赁市场融资渠道较多，飞机租赁以跨国租赁为主，租赁业务的国际化程度很高。1985 年，一种新的飞机租赁形式首次在日本出现，即日本杠杆租赁。日本杠杆租赁交易中的购机款由两部分构成：贷款部分，约占飞机价格的 80%，一般多为美元贷款，也可以是国际流通货币；日本投资人的股权投资，约占飞机价格的 20%，这部分投资采用日元，主要因为日本投资人在国内缴纳的税款以日元计算。日本杠杆租赁的主要交易方有三个：出租人，出租人为一家在日本登记注册的特殊目的公司，通常为从事飞机融资租赁业务的某家租赁公司的全资子公司；投资人，投资人以股本投资的方式，至少投资飞机价值的 20%，并成为投资飞机的经济受益人，享有减税的经济利益；贷款人，贷款人提供约占飞机总价 80% 的贷款，贷款银行既可以为一家日本银行，也可以是一家日本银行的外国支行或外国银行的日本支行。日本杠杆租赁交易结构与美国相比，有所简化。其中，特殊目的公司与美国杠杆租赁中的物主受托人与契约受托人，作用相当。带购买权的日本经营租赁，其做法是：航空公司在租赁满约 10 年后享有一个提前购买选择权，如果航空公司不执行这一选择权，租金就会在未来大约两年内增加，之后飞机由出租人收回。带购买选择权的经营租赁形式对航空公司的现金流提出了更高要求，但为航空公司提供了购买飞机、获得残值优惠的机会。这种租赁形式的另一个优势是降低了投资人的飞机残值风险，因而更易于吸收投资。

四 巴西航空产业政策中金融手段的运用

20 世纪 60 年代，巴西航空工业已经历了 30 多年的发展历程，但成效不佳。20 世纪 60 年代末，巴西政府决心振兴航空工业，于 1969 年组建巴西航空工业公司（Embraer S. A.）。成立之初，在私人投资不热心的情况下，政府决定购买该公司 82% 的股份，因此其本质属于国家控股的公司。巴西航空工业公司最初的发展自然也得益于政府的大力支持，巴西政府不仅免除了巴航的许多税费，为其提供了极高的关税保护，并为巴航的发展提供了充足的资本和大量来自军方的订单。为加快巴西航空工业公司的发展，巴西政府鼓励多方筹集资金。一是发行股票，巴西政府用免征所得税的办法鼓励私人购买股票向航空工业投资，允许巴西所有的公司都可以把应缴税负的 1% 用于购买巴西航空工业公司的股票，这为该公司募集了大量的资金。二是吸收外资共同开发，如研制 CBA－123 支线客机所需经费 2 亿～3 亿美元，阿根廷投资 1/3，巴西投资 2/3，并负责飞机的设计和机头、机典、机身中段、发动机罩的生产。到 1994 年，巴西航空工业公司得以实现私有化，其股份经由政府的拍卖最终变成本国财团（60% 控股权）、欧洲集团（20% 控股权）、巴西政府（1.45% 控股权）。随即，该公司的发展战略也发生了由原先的“注重开发与生产”的理念，转变为“以市场为导向”的经营理念的重大转变。2006 年 5 月，巴西航空工业公司再次整合资产，进行股权改革，并以新公司名称（Embraer）及分散股权形式重新在圣保罗证交所和纽约证交所上市。此后，公司不再存在控股股东。该公司现为全球最大的 120 座级以下商用喷气飞机制造商，占世界支线飞机市场约 45% 市场份额。该公司已是全球继波音、空客之后第三大民用飞机制造商，不仅在支线飞机细分市场中打败了老对手庞巴迪公司，更是与小型的 A318 和波音 717 机型展开了竞争，成为世界支线喷气客机的最大生产商。

第二节　国外金融支持航空经济发展的启示

一　政府稳定的航空产业政策支持体系是金融支持其发展的保障

纵观世界主要大国航空经济发展进程，在强调把更多的自主权交给市场，充分发挥市场的力量的同时，也重视宏观经济政策对产业发展的支持，金融支持是其中的一个极其重要的内容。在金融手段的运用上，突出地表现为政府创设条件，市场贡献力量。在航空经济产业政策上体现为，对航空经济重点发展方向、重点企业的扶持、产业组织的合理化等方面，金融手段都起了十分重要的作用，只是这些措施大多建立在市场导向的基础上，没有以明确的产业政策方式加以实施。从美国的航空制造业的政府支持政策看，政府在航空制造业的发展中主要扮演规制者、投资者、某些基础设施的所有者或提供者、资金引导者和消费者（主要是军用飞机）。

因此，我国航空经济的发展，必须通过政府强有力的推动，而其中的每一个战略步骤，又与国家的发展战略密切相关。长期稳定的航空产业政策和对企业行为的必要引导是政府坚定发展该产业的表现，也是资本愿意介入航空产业发展并对其进行长期支持的重要前提。在民用航空制造业，我国经过 40 年艰难的抉择，终于在 2007 年 2 月份宣布大型飞机研制重大科技专项正式立项。2015 年我国自主研制的三型“大飞机”实现“一机日趋成熟、两机完成总装”，即大型运输机将完成一系列高难度试验试飞任务，有望在较短周期内交付用户；

大型客机 C919 和大型水陆两栖飞机 AG600 完成总装。至此，我国在发展民机产业战略上，可以利用后发优势，由国家进行一定程度的干预和扶持，整合军民力量，整合研发和生产资源，建立大型民机产业集团公司，进行规模化经营。

二 航空经济的健康发展需要金融改革和金融创新先行

世界银行的研究表明，金融安排的改进先行，有利于经济运行。国内外航空产业的发展实践也从正反两个方面印证了这个问题。从世界各国航空产业的发展历程中可以看出，航空产业既可以通过市场机制培育出来，也可以通过计划经济手段扶植起来。但是，我国航空产业的发展实践证明，没有良好的金融市场运作机制的支持，就不可能实现良性可持续发展。21 世纪我国航空产业发展的环境发生了巨大变化，需要在全球化的国际背景下、市场约束型的经济环境中展开。因此，在充分借鉴其他国家航空产业发展经验和教训的基础上，立足于我国航空产业和金融业的发展现状，按照金融服务系统改进先行的原则，通过金融改革和创新，前瞻性地建立有利于形成两者之间相互促进、可持续健康发展的金融服务系统，是我国航空经济良性产业化发展的前提和保障。

我国航空经济的发展，必须将金融改革和金融创新置于重要地位。航空经济的高投入、高风险、高回报、长周期的特性，在客观上决定了其融资方式、融资渠道与传统产业有很大的差异，金融业对其的服务系统也与对其他产业的服务有很大差异。所以，航空经济的发展必然要求获得效率足够高、规模足够大、风险适度的金融支持。从某种意义上说，没有高效率并能覆盖航空产业运作全过程的金融服务体系，就不可能有航空经济快速健康的发展。按照市场经济规律构造的航空产业体系，必须有健全的金融服务体系和金融改革与创新的支持。

三　在金融支持航空经济发展上要处理好政府与市场的关系

我国属于较为典型的政府主导产业和经济发展的国家，政府对产业发展介入很深。对航空经济后进国家而言，政府主导型金融服务机制和体系可以充分发挥政府干预经济的功能，最大限度地动员社会资本为航空产业发展服务，使金融资本的配置与航空经济发展计划结合起来，有利于实施战略性的产业政策，进而促使航空经济得到快速发展。但是，由于政府主导型金融对产业发展的推动具有不可持续性，如果完全依靠政府的主导而不是市场机制来完成我国航空产业的投融资过程，就企业而言容易形成企业界对政府廉价无偿资金的长期依赖以及企业规模过度扩张，造成产业绩效和市场竞争能力下降；就行业而言容易引起低水平的重复建设和投资失控；就金融业而言容易形成金融支持的无效甚至负效支持。

金融对我国航空产业的服务，必须随着市场机制的完善程度和航空经济的发展阶段不断进行调整，更多地引入市场化机制，更多地以市场化手段来促进航空产业的结构调整和资产重组，充分发挥市场机制在资源配置中的决定性作用，充分发挥金融业对航空产业发展的多元化服务功能，形成金融支撑航空经济发展的长效的市场机制，这样才能保障航空经济健康持续发展。在尊重市场经济规律、发挥市场机制在资源配置中的决定性作用的基础上，也要充分发挥政府在发展航空经济中的产业政策支持和引导作用。金融业对航空产业的服务系统是个复杂系统，包含较多相互关联的要素，主要有政策性金融、商业性金融、航空租赁、资本市场、金融政策、国家环境等，不同的金融服务要素，对航空产业具有不同的支持特性，在航空经济发展的不同阶段，金融各要素对航空产业有不同的支持途径。间接金融扶持在航空经济发展现阶段具有比较优势，构建航空租赁平台是金融扶持的重要内容，建立多层次资本市场体系是产业可持续发展的保障；需要建立金融创新协调机制，并通过各级政府制定和完善相关产业政策包括金融政策，建立一套保障我国航空产业可持续发展的投资诱导机制以及风险分配机制，为产业的健康发展保驾护航。

四　发展壮大航空租赁对航空经济的发展至关重要

飞机租赁作为支撑航空产业发展的生产性服务业，是航空制造、运输、通用航空及金融业的重要关联产业。进入 21 世纪以来，我国飞机租赁业发展迅速，成效显著。但由于起步晚、内外部条件不完善，我国飞机租赁业存在企业核心竞争力不足、政策措施不完善、产业联动不强等问题，与发达国家相比还存在较大差距。国务院办公厅于 2013 年 12 月 20 日印发了《关于加快飞机租赁业务发展的意见》（国办发〔2013〕108 号），旨在推动我国飞机租赁业加快发展。今后 10～20 年将是我国大飞机市场开拓和航空制造业转型升级的关键时期，也是我国飞机租赁业发展的黄金时期。2014 年 3 月公布实施新的《金融租赁公司管理办法》从机构准入、业务范围、子公司设立等层面，为我国金融租赁公司加速开拓飞机租赁业务营造了更好的政策环境。

美国的航空公司主要依靠银行信贷和租赁两种方式来获得飞机，尤其是租赁。而与航空燃油相关的系列金融衍生产品也是美国航空金融的重要组成部分，航空公司为了规避燃油价格波动带来的消极影响，纷纷选择运用衍生品对航空燃油进行套期保值。法国航空金融业务主要集中于税务租赁和石油期货。税务租赁具有租金低廉、结构简单等特征，而法国航空公司面对航空业的不景气和油价的攀升，通过更新飞机降低油耗以及石油期货交易，减轻了高油价的冲击。杠杆租赁结构对于德国航空业的发展也形成了较为特色的支持，其结构分为两大部分：一是购买飞机资金（100%）贷款，另外一部分是较为复杂的德国税务结构。新加坡对航空产业金融支持的方式中最主要的是飞机融资租赁和信托基金方面。相比之下，日本对航空产业的金融支持方式主要表现为多种租赁方式，主要有杠杆租赁、带购买权的日本经营租赁、武士租赁和将军租赁。我国的航空金融支持主要是融资租赁、信托产业基金和信贷支持。中国租赁业发展的六个阶段分别是出租、“简单的融资租赁”、创新的融资租赁阶段、经营性租赁阶段、新产品阶段、成熟期。但租赁公司不能享受航空公司进口飞机的优惠关税。

飞机租赁已成为世界上众多国家航空公司引进飞机的重要方式和飞机融资的重要手段，从国外飞机租赁业的发展中可以得到一些重要启示。

第一，我国目前迫切需要发展壮大航空租赁平台。近年来，国内航空公司对经营租赁飞机的需求越来越大。原因在于：航空公司的资产负债中最大的是飞机，但飞机已不是航空公司的核心竞争力来源，航空公司不想承担过高的资产负债率，借助经营租赁，既可以不增加公司负债，又能恰到好处地帮助公司分散和承担飞机资产风险；飞机资产的流转速度越来越快，航空公司更青睐于机龄短的飞机，此时，经营租赁模式可以最大限度地满足航空公司对飞机资产灵活性的诉求。但是目前这种飞机经营租赁市场旺盛的需求与本土经营租赁业务的落后不匹配。发展壮大航空租赁平台，有助于我国的大型民用飞机工业企业实现商业化运营，促进国产飞机的销售。虽然租赁本身并不能改变市场对民用飞机的需求弹性，但是飞机租赁业务是连接航空制造业和运输业、实现飞机销售的重要平台。通过运用航空租赁资本，可以较快地改善我国民用航空工业的资本分配状态，创新金融工具，增加投融资渠道，完善为民用航空工业服务的金融体系。

第二，税收等优惠政策对飞机租赁业的兴衰至关重要。国外经验证明，飞机租赁市场的兴旺离不开政府在税收、折旧等方面所给予的优惠政策。税收优惠政策是促进飞机融资租赁业发展的重要财政手段之一，通过税金的优惠来实现采用飞机融资租赁的融资成本的实际利率与银行贷款利率相差无几，进而增加投资人、出租人的参与意愿、降低承租人的融资成本很好地促进飞机租赁业的发展。在外国飞机租赁中，租赁机构所在地对租赁业务有诸多税收优惠政策。飞机租赁交易发达的美国、欧洲、日本等地，国家均对租赁实行鼓励政策，在税收方面给予扶持。例如，在美国，飞机出租人可以得到的税收优惠主要有投资税减免、加速折旧、不可追索的债务的利息扣减；日本在80年代制定了飞机租赁的投资抵免的税收政策；法国税务租赁中，占飞机总额8%的税务优惠款可以用来抵免投资税收。这些手段都促进了飞机融资租赁业的繁荣。相比国外飞机融资租赁业发达的国家，尽管我国对跨境飞机租赁提供关税、进口增值税等方面的大幅度减免并允许税款随着租金支付进度而缴纳，但我国目前促进飞机融资租赁业的税收政策并不丰富，例如：没有对飞机融资租赁行业提供类似美国日本等国家采用的投资减税等产业支持政策；怎样类别的飞机符合节能减排政策，获得节能减排的税收优惠、财政补贴等。此外，由于三种不同类型的租赁公司采用不同税率、不同税基、不同税种，使海关和国税总局关于飞机租赁税收制度的说明多而繁杂，增加企业经营管理难度。中国需要在税收政策优惠方面，参照国外经验，对飞机实现税务加速折旧等优惠政策，以降低租赁企业在业务初创期的税收负担，提高其国际竞价能力，允许同一租赁公司（集团）内的租赁主体盈亏互抵、合并纳税，给予飞机租赁业相应的关税减免待遇，适当扩大关税减免范围。

第三，完善金融配套措施、金融市场和融资条件。飞机融资租赁的本质是增加航空公司的融资渠道，因此，飞机租赁对资金的需求量庞大，要求金融市场发展成熟，具备多样化的融资渠道和配套措施，以降低融资成本并规避相应风险等基础条件。在国外飞机融资租赁中，相关出口信贷机构或进出口银行给予租赁机构充分的资金支持，如欧洲出口信贷机构和美国进出口银行。国外金融制度的完善为飞机融资租赁交易的稳定性提供了基础，而且发达的资本市场可以实现飞机租赁的租金应收款资产证券化。国外的飞机制造商在飞机融资租赁过程中也会提供相应的资金。但是我国金融市场发展并不成熟，金融配套措施也不够完善，并不能帮助租赁公司和航空公司降低融资成本，提高租赁意愿。由于飞机造价昂贵，租赁公司凭借仅有的注册资本根本无法承受，因此它需要从公司外部融资。就国内银行提供的融资手段而言，这是租赁公司获得资金的主要融资渠道之一，但这一渠道存在些许障碍，例如：利率较高，增加了租赁成本，无法发挥租赁优势；贷款期限不能与融资租赁合同中租赁期 10 ~ 15 年相匹配。同时，租赁公司在国内并不能找到除银行贷款之外更加有效、便捷的融资渠道。这主要是因为：我国信托业历程尚短，不能提供信托资金；同业拆借不适合飞机融资租赁这种长期资金占用的方式；发行股票、债券的审批、手续复杂，且不一定能通过审批；资产证券化进程还处于初期，其市场既不能提供有效的特殊目的公司（SPV）运作经验，也不能发挥增加资产流动性的特长。发展我国的飞机融资租赁业不仅需要整合现有的融资渠道，发挥银行的金融优势，还需要拓展其他融资渠道，开展多类型的融资方式，应当鼓励保险、信托等金融机构投资与飞机融资租赁进行合作。航空公司也应当积极加强与保险、信托等金融机构的合作，扩宽融资渠道。例如 2008 年，长江租赁与国家开发银行、中国出口信用保险公司合作签订的 10 架 ERJ145 飞机融资租赁项目、香港国际航空租赁有限公司与国家开发银行、中国出口信用保险公司合作签订的3架A330－300飞机融资租赁美元贷款项目合同。这两个项目都充分发挥了中国出口信用保险公司在信用风险管理方面的独特优势，既提升了租赁公司的信用级别，也开拓了飞机融资的新渠道。此外，我国金融市场也应当继续推进资产支持证券及信托支持证券等金融产品的发展，为资本提供良好的进入和退出机制，吸引长短期投资者参与。金融工具的创新与发展，可为飞机融资租赁提供多元化的融资渠道，实现金融与飞机融资租赁的共同发展。

第四，加强飞机融资租赁风险防控，建立和完善风险防控机制。构建适度审慎、联动协调、科学有效的监管机制，实施层级管理的信用制度。在企业自主决策、自担风险的基础上，督促飞机租赁业深化改革，完善治理结构，提高专业技术能力，强化内部管控，及时掌握有关法规、政策，准确研判市场形势，防范重大决策失误和系统性风险。引导企业根据利率、汇率变动趋势，使用远期外汇交易、外汇期权等金融衍生工具，合理分散规避利率、汇率风险。

五　航空产业的金融服务体系必须基于本国国情

有效的产业发展的金融服务体系，都是一定历史条件和制度环境下的产物。我国航空产业金融服务系统的建立，必须充分考虑本国的实际情况，不能脱离我国经济发展阶段、资源条件和体制环境，去盲目模仿他国的金融服务体系。金融市场主导型国家对其航空产业支持的方式以间接手段为主，充分发挥市场机制在金融支持产业发展中的作用，通过为产业的发展提供金融服务，鼓励和引导金融机构的融资活动，为金融业支持产业发展创造良好的市场环境；金融中介主导型国家对其航空产业支持的方式多以直接手段为主，不论在政策金融领域还是在市场金融领域，政府对金融的干预相对较多，金融支持的手段也更为直接，如直接对鼓励发展的产业企业提供贷款。在我国，银行业是金融体系中的主体，这也决定了未来相当长时期内我国金融体系的基本结构，因此，我国在现阶段航空产业的金融服务体系应该适用以金融中介主导型为主、金融市场主导型为辅的金融体系。

六　航空经济的发展促进了金融业的发展和创新

金融业为航空发展提供必不可少的支持，但其自身的发展还是取决于实体经济的状况。航空经济作为一种新的经济形态，涉及巨大的市场资源容量及社会交易规模，对金融业的直接影响就是会对扩大金融服务市场和提升金融服务层次产生强烈的需求。同时，航空经济的发展可以促进产业结构的升级，在此过程中，产业结构也必须不断调整，以适应资源禀赋结构和比较优势的变化，这也在很大程度上改变其原有的生产和生活方式，进而产生新的金融服务需求。

航空产业具有产业周期长、资本密集度高、规模效应显著、生产全球化等特征，这也为与金融业的结合提供了很大的空间，只有通过金融行业不断地进行金融工具创新、提高金融服务水平，才能有效地满足航空产业发展的需求。

第五章

发展航空经济的金融支持与创新

第一节　航空经济的金融需求

金融支持航空经济发生作用的过程，实质上就是金融在市场经济中充分发挥资源配置作用的过程，通过金融总量的扩张、金融结构的安排、金融效率的提高等金融功能的发挥，金融部门与航空经济部门之间相互作用，产生多重、稳定状态的平衡，来推动航空经济的发展。金融支持航空经济发展同样不是静止的、割裂的，金融发展与航空经济之间联系紧密，金融发展水平也会随着航空经济系统的演进而变化。同时，金融发展水平的不断提升，又会对航空经济的发展产生影响，二者在发展的过程中相互影响、相互作用、共同促进。航空经济不同发展阶段对金融的需求呈现明显的差异性，金融业对航空经济发展发挥着巨大作用，有其自身的发展规律。与其他经济形态一样，航空经济也会经历形成期、发展期和成熟期，在各个发展阶段中，航空经济建设面临的核心任务不同，从而会有不同的金融需求。

一　航空经济的发展阶段

（一）航空经济形成初期

在航空经济的形成初期，主要发展的产业为航空运输业、航空服务保障业、航空制造业及航空物流业等。航空指向性不高，集聚性不强，并未形成上下游产业链，航空关联性产业和航空引致型产业处于萌芽期，规模很小。

（二）航空经济快速发展期

在这一时期，航空关联产业出现跨越式发展，聚集一批高端制造业等依赖航空运输、产品具有临空区位偏好的高时效性、高附加值的产业。航空运输、服务保障等核心产业快速向上下游产业链延伸。逐渐形成了一系列的产业链，出现产业集群，形成产业园区。航空关联产业中总部经济、金融中介、会展业等现代服务业和航空引致业快速发展，与航空核心产业和航空指向型产业不断融合，互融互促。

（三）航空经济成熟期

在航空经济成熟期，航空核心产业、关联产业、引致产业在规模、数量上继续扩大，开始向产业链高端演进。产业结构不断升级调整，加工、制造等现代制造业对区域经济发展的贡献比例将逐步下降，创新性产业集群、信息、金融、现代物流、研发设计等现代服务业发展完备，成为本阶段的主要产业类型。航空经济的圈层结构明显，不同圈层之间形成有效的产业互动关系。这一阶段，航空经济发展的辐射带动作用显现，航空港成为区域经济的增长极，资本、人才、技术、管理等生产要素向城市及腹地扩散，又促进了腹地和城市产业结构的升级，带动经济相向发展。

二 航空经济不同发展阶段的金融需求

（一）形成初期的金融需求

航空经济形成初期，航空经济的支撑条件还相当薄弱，为提升机场通达性所需要的基础设施投资相当大，需要政府通过支持或创办多种形式的金融机构、创建完善的法律法规制度、创新金融政策支持等方式来构建和完善金融体系，从而为航空经济发展提供全面深入的金融产品和服务。在这一时期，政府投资和银行贷款居于主导地位。

（二）快速发展期的金融需求

在航空经济快速发展期，机场建设快速推进和航空港区大量基础设施建设的融资需求，核心产业对航空物流金融、融资租赁等航空金融业态的需求，高端制造业开始发展对科技金融产品和工具的需求，高技术产业和现代服务业发展对风险金融市场、离岸金融等新兴金融业态、金融相关中介服务业、金融政策制度不断开放自由的需求，航空经济产业链不断完善和产业集聚不断提高对金融产品和服务创新的需求，都快速增长。这一时期的融资需要多样化，通过银行贷款、企业内部员工借款、民间借贷、企业间的商业信用、信用担保机构担保融资、政府基金、风险投资、商品贸易融资、融资租赁、典当融资和股权融资等多种方式获得融资。这一时期政府的投入减少，而商业风险投资机构是主要的投资者。

（三）成熟期的金融需求

航空经济进入成熟期，要求金融业作为现代服务业，不断完善体系，超前发展，逐渐成为区域金融中心，提出了对风险规避、风险管理和信息传递等其他较高层次金融功能的需求。在这一时期，金融市场得到极大发展，金融机构及相关金融服务往往更加敏感，能先于航空产业提出金融需求之前，提供并引导航空产业相应的金融需求。

第二节　金融支持航空经济发展的具体措施

一　加强政策性金融的支持力度

政策支持是政府向社会发出的积极信号，有利于产业发展的金融政策，会形成一定的投资导向，吸引更多的资本介入，从而促进产业的快速和可持续发展。在航空经济发展初期，政府要大力引导政策性金融机构对航空经济发展的支持。政策性银行要发挥中长期融资优势，加大对机场及物流园区基础设施、航空生态环境保护等基础性项目的资金支持，充分发挥政策导向作用，加大对航空高新技术产业项目的支持，引导其他领域的资金投向航空产业，以形成乘数效应，使航空产业迅速壮大，最终走向市场，为商业性金融机构介入高风险、高成长性的航空产业创造条件。加强政策性金融对航空业自主创新的支持。航空工业企业可以申请国家开发银行的软贷款，用于航空高新技术项目的参股投资。允许航空工业企业在中国进出口银行设立特别融资账户，在政策允许范围内，在企业发展所需的核心技术和关键设备的进出口方面，中国进出口银行提供政策性融资支持。

二　积极引导商业银行支持航空产业

我国以商业银行为主导的金融体系，在短期内难以发生根本性的变化，这就决定了我国发展航空经济所需资金，在一定时期还是主要依靠银行贷款。而航空经济的广阔发展前景，对商业银行也有巨大的吸引力。在航空经济发展初期，要积极引导和政策支持商业银行向航空产业提供融资，对将信贷资金投入航空产业的商业银行，可根据其对航空产业的信贷投放量核定较低的法定准备金率，对支持航空产业发展的商业银行予以再贷款优惠政策。在国有控股商业银行原有专项贷款的基础上，设立航空产业“专项贷款”，扩大专项贷款的规模。

三 加大资本市场对航空产业的支持力度

目前，我国航空产业的投资和融资渠道还比较单一，主要依赖于间接融资方式，而通过股票、债券、基金等现代金融工具直接向资本市场筹资的比重偏小。而且，较少借助于资本市场先进的金融衍生工具避险。

航空业的发展也离不开资本市场的直接融资支持，直接融资是航空业企业在发展到一定程度之后的融资主要渠道之一，保持合适的负债权益比对于提高产业绩效有重要意义，所以，建设和完善多层次的资本市场结构体系，提高航空产业直接融资比例，是金融支持航空产业发展的有效途径。根据我国目前航空产业发展需求和资本市场状况，应加快发展企业债券市场。在银行间市场发行航空工业企业短期融资券，发行航空工业企业中长期债券。大力支持航空风险投资基金、航空产业基金、航空产业私募基金的发展。积极开展航空融资租赁。

四 鼓励民间资本投资航空产业

发达国家的经验表明，航空经济发展，既需要国家的规划与推动，又需要民间社会资本的积极参与。要促进航空产业的发展，应该通过制度、法律等方面的完善，着力打造公平健康的市场环境和秩序，对国有资本、民间资本一视同仁，激活民间资本，激发航空产业发展活力，让航空产业的发展真正为社会和经济发展带来福音。国家要进一步放宽投资领域限制，破解民营经济体制障碍，通过价格机制、报酬机制，鼓励各类市场投资主体和民营企业进入航空领域。支持民营企业与军工企业、国有企业、外资企业融合互动，大力发展航空产业的混合所有制经济，提升民营企业参与航空产业的积极性。

五　大力发展航空金融

随着航空运输业的逐步发展，金融与它的联系变得越来越紧密，逐渐形成了航空金融产业这一新的社会经济增长模式。由于航空业涉及的产业和企业类型众多，不同的航空企业其金融需求又具有较大的差异性和独特性，不同的金融需求需要不同的金融机构和产品来满足，因此，航空金融市场的产品种类较为多样化。航空金融市场的产品能否满足航空产业的需求，在很大程度上取决于航空金融产品体系的完备性以及金融机构的产品设计能力。要促进航空经济的发展，必须大力发展航空租赁、航空保险以及航空金融衍生品等。

（一）大力发展航空租赁

纵观全球航空租赁产业发展的历史可以发现，一个国家或地区航空租赁市场的发达程度，在很大程度上取决于出租人所在国家或地区租赁税收政策的优惠程度，需要相关部门提供政策支持、制定配套法规。

大力发展我国飞机租赁市场，有助于推动我国民航业、飞机制造业、租赁业、金融业及航空产业的发展。国家应鼓励政策性银行和其他金融机构以及保险机构经批准开展飞机租赁业务；鼓励国内外各种投资主体，如战略投资机构、上市公司、个体富商等投资飞机租赁业；鼓励各类租赁公司通过增资扩股、兼并或资产重组等手段，扩大经营规模，提高经营效益，依法自主开展飞机租赁业务。在融资政策上，政策性银行或商业银行应向各类租赁公司提供中长期贷款，银行贷款期限应尽可能与租赁期限一致。从事飞机租赁的租赁公司，可以吸纳公司股东和机构投资者提供的长期委托租赁基金，经批准租赁公司或银行、金融租赁公司可以发行飞机租赁专项金融债券或企业债券。在担保政策上，建议成立国家飞机租赁尤其是国产飞机租赁担保基金。在税收政策上，针对飞机租赁业务的特点，制定合理配套的税收政策，通过实行一系列税收优惠政策，支持国内飞机租赁业的发展并培育飞机租赁业市场消费主体。在外汇政策上，针对航空租赁企业外汇使用特点，国家给予其灵活支取外汇的权限，简化审批流程和手续。在确保有效的金融管制的前提下，提高资本流动性，使国内外银行的资金供给可以和租赁公司及航空公司的需求渠道保持畅通。鼓励国内航空公司进口飞机租赁时，主要通过国内租赁公司。

借鉴国外成功经验，组建国内大型专业飞机租赁公司。组建的飞机租赁公司主要是满足国内航空公司的飞机采购融资需求，降低国内航空公司的整体运营采购成本；为国内飞机制造企业提供销售支持或租赁融资；在国际航空租赁市场上争取竞争优势，打破境外租赁公司的垄断地位。同时，通过与国际专业飞机租赁公司合作成立合资租赁公司，利用外资和外商的经营管理经验和市场客户资源，积极开拓国产飞机的国际市场，提高国产飞机在国外市场的销售份额，主要业务定位是进行飞机融资性租赁、经营性租赁、售后回租等。租赁的对象包括飞机整机的租赁、飞机发动机及其他关键部件以及相关生产设备的租赁。

（二）大力发展航空保险

航空保险是保险人和被保险人通过协商，对乘客、飞机、货物及其他运输标的所可能遭遇的风险进行约定，被保险人在缴纳约定的保险费后，保险人承诺一旦上述风险在约定的时间内发生并对被保险人造成损失，保险人将按约定给予被保险人一定经济补偿的金融活动。由于航空运输极具风险，飞机会遇到迷航、碰撞、爆炸、漏油、失联、人身伤亡等空域事故，而航空公司则会因此遭受巨额索赔。而航空保险为航空运输类企业分散风险，在其发生事故后，提供一定的赔偿。

国际航空保险已发展成为一个完整的保险类别及专门市场。全球航空保险的承保人主要集中在伦敦、欧洲以及美国。其中，伦敦保险市场在航空保险上拥有绝对优势地位。航空保险金额大、风险集中的特点决定了其对国际再保险的高度依赖。随着我国经济的快速发展，航空运输业发展较快，为航空保险的发展赢得了广阔空间。中国航空保险市场发展较快但规模仍然较小，航空保险险种日益丰富，但产品创新能力较弱，市场供给主体及险种不多，再保险水平低，风险管控能力不强。与国际航空保险市场活跃着的众多保险人相比，中资保险公司在专业技术、承保经验等方面差距较大，在航空风险管控及应急救援上，中资保险公司的能力也相对较弱。由于航空运输是重要的基础性产业，对经济建设、社会稳定、对外开放具有不可替代的作用，航空公司不仅承担重要的经济责任，还承担重要的政治责任和社会责任，航空运输业还具有高风险的特点，这些都决定了国家支持的必要性。尤其是当重大风险袭来时，更需国家的保护和扶持。国家的最有效支持就是，大力支持航空保险的发展，利用市场机制来分散航空运输业的风险。

第三节　推动航空经济发展的金融创新

航空经济发展离不开金融支持，传统的金融已经满足不了新常态下航空经济发展的需求，急需金融创新。中国金融业改革正在向普惠金融和绿色金融的方向发展，航空产业领域的金融创新则是一项前沿课题。

一 创新投融资体制

借鉴发达国家的经验，把航空领域按经营性和非经营性（主要是航空产业发展所需要的公益性的基础设施）采取不同的投入方法。经营性的航空领域按市场法则运作，允许社会各种资金介入；对于非经营性的领域，主要由财政投入。国家应建立灵活多样的适应航空经济发展的投融资体制，制定优惠政策吸引人们向航空产业投资。鼓励银行业金融机构对飞机购租、机场及配套设施建设提供优惠的信贷支持，设立航空产业发展基金、产业风险投资基金等，允许、鼓励多种形式的投资，允许自筹资金修建机场，实现“谁投资，谁管理，谁受益”。要进一步清理各种对民营资本投资航空领域的限制性、歧视性的政策和规定，取消一切不利于民营资本投资的限制，降低民间投资航空产业的门槛，打破行业壁垒和区域限制，为航空产业的发展创造条件。

创新融资方式，扩大新型融资规模。对符合条件的航空产业的企业，要支持它们进入资本市场，通过股票上市、发行企业债券、项目融资、股权置换等方式筹措资金，促进航空产业利用资本市场加速发展，实现产业的规模化发展。打通互联网金融与航空产业的通道，通过互联网整合线上资金，投入到以航空产业为主的优质项目中去，为航空企业提供高效、灵活的融资资金，建立航空产业与互联网金融之间的桥梁，为航空产业提供一个全新的融资渠道。

创新投资方式，可考虑利用财政资金设立航空产业引导基金，用财政预算内投资来撬动社会投资航空产业，财政资金与政策性金融机构、基金、信贷、保险及各种投资公司合作，一起来参与投资航空产业，加大投资规模。

二　创新金融工具

航空运输业是航空经济发展的发动机，航空公司所涉及的整个产业链实际上惠及到了所有航空产业。一直以来，航空公司都具有高投入、高风险、低回报等特点，航油支出，飞机的引进、维修、保养，航材采购，航材储备，劳动力成本支出，税费支出，每一项都是刚性成本。大量的资金投入和油价、经济环境的直接影响，加上激烈的市场竞争带来的价格压力，导致航空企业成为相对脆弱的行业。金融衍生工具作为企业进行风险管理的一种重要技术手段，在国际上被航空企业普遍运用。国际上与航空企业有关的金融衍生品主要有：石油期货/期权、航空指数期货、外汇期货/期权、运费远期/期货（FFA）以及运费期权。

航空公司经营中面临的主要风险是航油价格变动风险、汇率和利率变化风险。同时，航空业又是公共交通基础性服务行业，是经济活动和人们的日常生活必不可少的交通工具。这些都要求航空业建立抵御风险的管理能力和科学的运行机制。其中，仅航油一项就占航空公司总成本支出的30%～50%。国际上，航空公司通常采用航油套期保值的方法规避市场风险，控制航油成本。航空企业通过套期保值策略规避航油价格波动风险，既可以锁定生产经营成本，也可以防止不利的价格波动带来的成本风险。通过套保规避航油价格波动风险来锁定生产经营成本是航空公司必须启动的企业战略。然而我国企业参与国际金融活动时间不长、普遍存在对国际金融产品的复杂性了解不足的状况，对于航空公司这种非金融类企业更是如此，对某些金融衍生品存在的巨大风险缺乏足够认识。金融衍生工具存在着巨大的杠杆作用，在放大收益的同时也放大了风险，高收益、高风险对投机者有着巨大的吸引力。国内航空公司曾发生因操作石油衍生品合约导致巨亏，如国航因航油套期保值浮亏68亿元、东航因航油套期保值浮亏62亿元，但这并不能否定金融衍生品交易是企业重要的避险工具，更不能“谈虎色变”，走向另一个反面。能否用好金融衍生品套期保值策略将是我国航空公司进一步发展壮大的重要条件。衍生品交易是企业重要的风险管理工具，是实体经济所需要的，在加快发展进入衍生品、加快金融衍生品交易国际化进度的同时，要牢牢树立趋利避害、防范风险的意识，高度重视培养专业人才、知己知彼更是不可或缺的重要一环。国家在鼓励航空企业做金融衍生品交易的同时，要严格监管国内航空企业投资境外金融衍生品。

与发达市场甚至很多新兴市场相比，中国金融衍生品市场较为落后，目前衍生品市场虽然交易量巨大，但是在产品种类、期限设置多样化以及交易场所方面尚不具备竞争力，难以满足企业风险管理的需求。发展金融衍生品市场，完善我国金融市场体系，是一项重要的资本市场基础性建设。只有拓展了中国市场石油和外汇期货、期权等衍生产品多样化发展的空间，才能为航空企业风险管理提供更加有效和个性化的工具和场所。不发展金融衍生品、不利用金融衍生品的功能，我国的航空企业也将难以和国外公司抗衡。中国对能源等大宗商品的需求量及进口成本与日俱增，为发展金融衍生品提供了机遇。

三　创新金融服务

以航空运输业为平台，带动高端产业和现代服务业发展的航空经济，在其发展过程中金融业的服务支持至关重要。金融业对航空经济的服务，不只是提供资金，更重要的是通过金融业对航空产业的介入和渗透，逐步实现航空业及航空经济的自我发展和自我造血，并参与全球化竞争。因此，金融业需完善和创新航空支持体系、组织体系以及经营管理体系。

利用互联网技术“创新”金融服务模式，大力发展“互联网+航空航运+金融”模式。当前，网络金融正向更深、更广的领域推进，已经渗透到金融服务、日常生活乃至社会生活的方方面面。随着互联网技术的普及与发展，利用互联网技术，金融机构有效地突破了地理和距离限制，极大提升了触达及连接用户的能力，让用户享受互联网金融服务成为一件轻而易举的事情，在金融服务模式上实现了革命性突破。互联网的本质是把握或激发用户需求，创造服务场景、发现或重塑客户关联，同时提高有效资源的周转效率和服务客户频次，实现客群、渠道、产品、交互及周转频次等多维度相互叠加的全面价值发掘和创造，即抓住并黏住客户，创造反复提供服务、延伸服务链条、扩大服务覆盖面、加速服务循环的机会，找到双方乃至多方共赢点。借助互联网信息技术，金融机构对航空产业的服务不受时空限制，可以通过网络平台更加快捷地完成信息甄别、匹配、定价和交易，降低了传统服务模式下的中介、交易、运营成本，双方或多方信息充分透明，交易适时进行，便捷有效率，金融交易突破了传统的安全边界和商业可行性边界。金融机构借助互联网技术提供服务，可以使航空产业探索出明晰、稳定的盈利模式。通过互联网金融吸引国内外互联网投资者参与中国航空产业的融资，分享中国航空产业快速发展的成果，将民间投资带入航空产业，让各类航空企业搭上普惠金融的快车，真正实现了普惠金融。

四　创新金融科技

航空经济的发展，同样需要金融科技创新，以便能更便捷、更高效地为其服务。维基百科将金融科技定义为：一种运用高科技来促使金融服务更加有效率的商业模式。金融科技的本质是以数据为基础，以技术为手段，提升金融业的效率，降低成本。当前金融业发展面临的新形势，并非只有更加复杂的风险和挑战，也存在前所未有的机遇。金融科技俨然处在我国金融领域近年的风口浪尖，充满创新活力的金融科技引起了社会的广泛关注。近年来，随着大数据、区块链、人工智能、物联网等应用的普及，科技与金融紧密结合，在提供便捷的同时，也进一步拓展金融服务的覆盖面，金融科技能够发挥的作用，正是弥补传统金融行业的不足，通过技术创新做好风控，降低金融业务成本并提升效率，从而将普惠金融引向深入。

我国的金融科技在很多方面已经处于全球领先的地位，要利用现有的优势基础，在未来金融和经济发展中，不断引导金融科技创新。新兴的金融科技创新力量正成为新金融的新动能。我们要充分利用大数据、云计算、人工智能等新技术开展金融科技创新，加快数字化金融建设，更好地为最具发展潜力的航空经济服务。

第六章

郑州航空港经济综合实验区建设的金融支持与创新

第一节　郑州航空经济综合实验区建设成效显著

郑州航空港经济综合实验区（以下简称“郑州航空港区”）是中国首个国家级航空港经济综合实验区，规划面积415平方公里，是集航空、高铁、城际铁路、地铁、高速公路于一体的综合枢纽，是以郑州新郑国际机场附近的新郑综合保税区为核心的航空经济体和航空都市区。2013年3月7日，国务院正式批复了《郑州航空港经济综合实验区发展规划（2013—2025年）》，标志着全国首个国家级航空港经济实验区正式设立。郑州航空港区的功能定位为：国际航空物流中心、以航空经济为引领的现代产业基地、内陆地区对外开放重要门户、现代航空都市、中原经济区核心增长极。按照国务院批复确定的2025年企业主营收入1万亿元的要求，2017年企业主营业务收入突破5000亿元，2025年达到1万亿元，打造产业集群。目前，郑州航空港建设成效显著。

一 国际航空物流枢纽正在快速形成

郑州机场二期工程，2012 年 12 月开工，现已建成投入使用。截至 2015 年年底，郑州新郑国际机场已开通航线 171 条，其中全货运国际航线 30 条，位居我国内陆地区第 1，基本形成覆盖全球主要经济体的航线网络；开通卡车航班达到 45 个城市。郑州机场 2015 年旅客吞吐量达到 1729.7 万人次，五年实现了翻番，居全国第 17 位；货邮吞吐量达到 40.3 万吨，五年增长 3.7 倍，居全国第 8 位，并且出现了国际货邮量超过国内、全货机承运量超过客机腹舱、进出港货物基本持平的局面（郑州航空港综合试验区管委会，2016）。

二 以智能终端为龙头的现代产业基地初步形成

已有 UPS、IBM、富士康、正威、中国移动、友嘉、绿地等多家世界 500 强企业和全球知名企业入驻，初步形成电子信息、生物医药、精密机械、会展物流等几个主导产业。尤其是智能终端产业，已引进手机整机及配套企业 121 家，已有中兴、天宇、华世基、迅迈等 16 家企业正式投产；已建成投用智能终端出口退税资金池、手机产业园、商贸通供应链、校企合作等支撑平台；2015 年手机产量 2.02 亿部，约占全球手机供货量的七分之一；另有研发中心、生活小镇、准时达电子商务、苹果手机翻新维修、航空物流园等多个项目建成或正在快速推进。

三 内陆地区开放高地基本形成

自 2011 年封关运行，郑州航空港区业务量快速增加，进出口总额从 2011 年的 89 亿美元，跃升至 2015 年的 490 亿美元，被海关总署称为“小区推动大省的典范”；唯品会、省航投等电商企业已实单运行；郑州机场实现落地签；获批河南省智能终端（手机）及零部件出口基地；已建成投用鲜切花、鲜果、水产品、肉类、活体等口岸，综合保税区三期已具备验收条件，在建口岸有食品、药品、医疗器械、邮政、植物种苗等口岸正在申报，已形成了内陆地区最完善的口岸体系。河南电子口岸投入运行，实现了“一次申报、一次检验、一次放行”，实现了省内通关流程全覆盖，通关体制创新取得重大进展；口岸作业区建成投用，真正实现了“区港联动”。郑州航空港区已构建起与沿海相当、与国际接轨的对外开放口岸体系，内陆对外开放门户雏形初步显现。

四　河南体制机制创新示范区作用开始显现

2016 年 5 月 8 日，郑州航空港区获批成为我国 17 个区域性国家“大众创业、万众创新示范基地”之一（河南省唯一）。郑州航空港区成功复制自贸区海关制度创新 11 项、检验检疫制度创新 8 项；全面实施了“一门受理、并联审批、多证联办”的“政务超市”审批服务模式；在全省率先实施了“主审法官”“主审检察官”制度；在全省率先进行了工商登记改革，实施了“一址多照、一照多址”、“注册资本认缴制”、电子营业执照等改革；建立了“五单一网”“三证一章”工作机制；率先实施了主审法官负责制和检察官办案责任制；获批成为我国内陆首个跨境人民币创新试点，已到位境外融资 15.61 亿元。正在筹备或发行基金 7 个，总规模 700 亿元，已到位 178.69 亿元；已分两批上报 PPP 项目 16 个，总投资 752 亿元；“郑州航空港引智试验区”2014 年 11 月 15 日正式挂牌，成为我国第三个引智试验区。约翰·卡萨达教授工作室投入运转，多位“千人计划”专家受聘为产业顾问。

第二节　金融支持是推动郑州航空港区建设的关键

目前，郑州航空港区虽然发展迅速，但仍处于刚刚起步阶段，所面临的资金问题，将成为航空港经济发展的重大问题，金融综合服务问题突出。

一　建设竞争力强的国际航空货运枢纽需要金融支持

国际航空货运枢纽建设包括机场货运枢纽、陆路交通运输、陆空联运体系三方面，具体包括机场货运设施扩大、国际航线拓展、航空公司及服务水平提升、港区陆路交通网络完善等。随着一系列大型建设项目的启动和展开，对资金的需求会越来越大，资金缺口凸显，仅仅通过传统财政支持、贷款等难以满足资金需求。随着后期项目的跟进，对于资金的需求不仅体现在数量上，还体现在期限结构的匹配上，需要广开融资渠道，进行多元化融资。

二　建设高端航空港经济产业体系需要金融支持

郑州航空港区产业发展目标是：依托航空货运网络，充分利用全球资源和国际国内两个市场，形成特色优势产业的生产供应链和消费供应链，带动高端制造业、现代服务业集聚发展，构建以航空物流为基础、航空关联产业为支撑的航空港经济产业体系。发展航空物流要求构建规模化、网络化航空快递服务体系，需要将物流业与金融业相结合，为航空物流业发展提供便利的融资渠道。要使高端制造业、现代服务业在郑州航空港区产业集聚发展，对资金的需求量很大。

三　建设绿色智慧航空都市需要绿色金融支持

郑州航空港区要建设成一座绿色智慧航空大都市，涉及生态水系改造、道路、公共绿地、居民安置小区、污水垃圾处理、综合公共服务设施等建设工程，推进智慧管理、智慧健康、智慧社区、智慧教育等信息应用系统建设。由于绿色智慧航空建设涉及面广、资金周期较长，依靠传统单一的资金融通方式已经无法满足，需要绿色金融的大力支持。发展绿色金融不仅能为港区建设项目提供新的资金融通渠道，还能够推动郑州航空港区乃至河南产业结构向低碳、环保转变，有助于构建绿色宜居大都市。

四　建设内陆开放型航空港区需要金融支持

郑州航空港区要发挥生产供应链和消费供应链的服务带动作用，为内陆地区利用全球资源提供便利和为国际市场提供平台，促进区域联动互动发展，构筑中西部地区对外开放新优势，金融服务体系必须要有优势。

第三节　金融支持郑州航空港区建设的措施

一　郑州航空港区建设与构建区域金融中心密切融合

（一）培育航空经济下的区域金融中心

金融中心的形成在很大程度上是由经济和金融业发展水平决定的，但是政府政策和制度环境也发挥着积极的推动作用。特别是在区域金融中心形成的初期阶段，更需要由地方政府提供政策优惠和制度环境，吸引和鼓励金融机构前来投资和设立办事机构，从而加快区域金融中心的自然集聚和形成过程。从国内外经验看，政府主导下的形成模式（政府主导模式）是区域金融中心形成的模式之一。政府主导模式，是在经济发展尚未达到特定的水平，但是抓住了国际金融市场发展调整的某一契机，利用相应城市或地区在地理位置和经济环境等方面的某些优势，通过政府部门的人为设计和强力支持，实行优惠政策，由政府主导并推动，在较短的时间内超前发展和形成的功能性国际金融中心。像中国香港、新加坡等国际金融中心就是这样形成和发展的，而新加坡国际金融中心的形成和发展堪称这一模式的典范。

区域金融中心的形成对区域经济金融的发展与调整、资金流动都有很大意义。建立金融中心并在其中展开集中交易的好处在于不仅能提供近距离交流与沟通的便利，而且对于那些具有巨大不确定性、需要面对面接触的产业和服务业、那些以互动为必要条件的行业，存在着天然的巨大吸引力。金融中心是巨额资金集散地，发达的金融市场和金融体系可以为本地区的企业发展提供资金支持，消除资金瓶颈，如风险投资、股票市场、银团贷款、企业债券等多种形式的资金需求。同时，发达的金融市场和金融体系也为航空运输中心中的资金盈余者提供了多样性的投资渠道。金融中心不仅吸引国内外众多的金融机构与资金流量，而且也汇集了来自世界各地的有关金融、贸易、行业和交易的信息流量，从而吸引了跨国公司在当地进行投资，包括设立跨国公司地区总部或航空运输总部。这些跨国公司可以利用国际国内金融中心相对优越的资金、信息、人才、外汇兑换以及法律政策条件等，在国际金融中心所在地或经济带开展业务活动。大规模的外部经济效应使商业银行和投资银行之间，商业银行与保险公司之间，保险公司与证券公司之间，都可以建立更多的跨专业的业务合作关系，从而激发波澜壮阔的金融创新浪潮。为金融机构和航空公司服务的相关辅助性产业或社会中介服务业也将得到迅速的发展。因此金融中心加强了本地区及周边市场与国际市场的联系，促进本地区航空业的国际化水平。

郑州航空港区建设过程中，要与构建区域金融中心紧密结合，培育航空经济下的区域金融中心。航空经济与区域金融中心二者是相互促进、相互依赖、相互影响的关系。郑州航空港区建设的产业定位是，重点发展航空物流业、高端制造业、现代服务业以及具有临空指向性和关联性的高端产业。发展这些产业需要金融体系提供资金及金融服务，同时，这些产业的金融需求又成为促进金融业发展的巨大动力，为构建区域金融中心创造了条件。建设金融中心，能够促进金融资本及其他生产要素在中心城市聚集和实现有效配置，能够满足航空经济发展对金融服务的需求。郑州航空港区建设过程中，要与构建区域金融中心密切结合，使二者相互融合，形成良性互动。

（二）促进航空物流中心与区域金融中心的融合

从国际上看，航空中心与金融中心在许多方面是相互影响、相互渗透、相互促进的。第一，国际航空中心与金融中心在空间分布上高度一致；第二，国际航空中心与金融中心城市的产业结构相似，即第三产业——航空相关服务业和金融业都占有绝对的主导地位；第三，国际航空中心与金融中心城市的总部经济效应明显；第四，国际航空中心与金融中心城市对于制度环境和条件具有类似的要求，都要求相对自由开放的市场环境、严格的法律制度、高层次复合型人才以及宽松规范的财政税收和监管制度。航空中心与金融中心之间存在同一性的根本原因就是航空业与金融业的相互渗透与融合。航空业的产业特征决定了航空业需要发达的金融业提供资本保障、需要完善的保险服务化解风险、需要便捷的资金结算提高资金使用效率。同时，金融中心建设离不开航空业的发展，航空企业对于金融服务的巨大需求以及由此带来的利润进一步刺激金融业创新和发展从而帮助金融中心不断壮大。因此，航空金融市场正是航空中心与金融中心的连接点与融合之处。郑州航空港区的建设，要发展大物流，建成航空物流中心，必须要与构建区域金融中心同步，促进航空物流中心与区域金融中心的融合。

（三）郑州建设区域金融中心的有利条件和机遇

日益强大的经济实力为建设郑州区域性金融中心提供了支撑。河南是中西部地区经济总量第一、人口规模最大的省份。2016 年全省 GDP 超过 4 万亿元，在全国位居第 5 位。省会郑州经济快速发展，经济总量居中西部省会城市前列，2016 年生产总值接近 8000 亿元；城市规模不断扩大，先进制造业基地和现代物流中心正在形成，大量的人流、物流、信息流、资金流在此交汇扩散，对周边地区的辐射作用不断增强。

区位和交通优势为建设郑州区域性金融中心提供了便利条件。郑州处在承东启西、联南贯北的战略部位，东邻发展势头强劲的沿海发达地区，西接广袤的西部地区，在我国公路、铁路大动脉和通信信息网络中占据中枢地位，是东西南北大通道的交会点，为资金等各种生产要素的流动、集聚和区域性金融中心的建设提供了便利条件。

已经形成的金融体系为建设郑州区域性金融中心奠定了良好的基础。随着金融体制的改革和发展，河南省已形成了银行、证券、保险、期货、信托各业并举，调控、监管和经营各类机构并存的金融体系。金融创新能力不断增强，新产品、新工具不断涌现，经营管理模式不断改进，货币市场不断完善，资产质量和经营业绩不断提高，监管和风险防范能力逐步增强，同时培养了大批金融管理人才，在全国银行业形成了独特的“郑州现象”。多层次的资本市场体系初具规模，郑州拥有我国中西部地区唯一的商品交易所，交易品种不断增加，交易规模不断扩大，证券和产权交易市场趋于活跃，显现出较强的融资功能，初步形成了资本市场与货币市场相互促进、共同发展的格局。

巨大的发展潜力为建设郑州区域性金融中心提供了广阔前景。以郑州为中心的中原城市群是河南省工业化、城镇化发展最快的地区，也是我国中西部地区最具发展活力的经济密集区之一。郑州及周边地区拥有超过1亿人口的市场空间和全国重要的农产品生产加工、能源原材料基地，随着工业化、城镇化、农业现代化进程的加快，经济发展的动力和内在需求不断增强，为郑州区域性金融中心建设开辟了广阔的发展空间。

此外，促进中部崛起战略的实施、建设郑州国家中心城市和郑州航空港区建设为郑州区域性金融中心建设提供了新机遇。

依托郑州的现实条件，抓住面临的新机遇，把郑州建设成为全国有影响力的区域性金融中心，带动全省金融业发展，对于促进郑州航空港区建设，乃至推动全省经济快速发展具有重要意义。

（四）郑州建设区域性金融中心的重点努力方向

通常认为区域性金融中心至少有五大标志：第一，金融机构密集；第二，金融服务体系完善；第三，金融活动频繁；第四，金融人才汇聚；第五，金融产值要有一个比较高的占比，一般来说，占到地区产值10%以上，才能叫金融中心。郑州要真正成为区域金融中心还任重道远。

郑州建设区域性金融中心重点应从五个方面努力。

一是完善金融机构体系。大力吸引国内外金融机构在郑州集聚，加快发展河南省地方金融机构。实行优惠政策吸引境外金融机构在郑州设立外资金融总部、地方总部和分支机构。组建或重组具有河南品牌、机构逐步延伸至全国的股份制金融机构。整合壮大河南省当地现有城市商业银行、城市信用社等金融机构，积极培育和大力发展民营中、小金融机构。鼓励地方商业金融机构与境内外金融机构合资合作，引进资金、技术和管理经验。逐步形成银行、证券、保险、期货、信托、租赁各类金融机构并存、国内外知名的金融机构集聚、竞争力强、服务高效的金融机构体系。

二是完善金融市场体系。完善和发展货币市场，货币市场的准入门槛需要进一步降低，使实体企业和个人投资者能够更便利地进入货币市场，大力改革完善票据市场，随着利率市场化进程的加快，利率衍生品市场的发展机会也越来越成熟，要发展好货币衍生品市场。完善和发展多层次的资本市场，大力发展股票、债券、基金、期货、产权市场，培育多层次的资本市场体系，推动企业利用资本市场融资，扩大直接融资比重，改变过分依赖银行贷款间接融资的现象，稳步推进信贷资产证券化，促进融资结构调整。大力发展金融衍生品市场，为企业提供管理商业风险和金融风险的工具。

三是利用好郑州商品交易所。充分发挥郑州商品交易所这一稀缺资源和河南省这一独特优势，进一步扩大郑州商品交易所的聚集度和辐射力，多上品种，通过完善基础设施和制度建设，扩大交易规模，使其成为在国内外具有重要影响的期货定价中心之一。

四是大力引进和培养金融人才。加大对金融人才的引进与培育力度，在个人所得税、安家落户、财政鼓励政策等配套政策上予以支持，建立良好的人才引进机制（如税收优惠、奖励等），出台吸引高级金融人才的政策措施，调动专业人才的积极性，有计划地培养和引进一批高级金融人才，鼓励金融机构通过市场手段，采取载体整体引进、团队集体引进、核心人才带动引进等多种方式引进高层次金融人才，逐步使郑州成为中部地区金融人才聚集地。

五是优化金融生态环境。发挥政府推动和引导作用，改善政府服务，加强金融政策环境、信用环境、法治环境、人才环境建设。加强金融集聚区基础设施建设，提高配套设施综合服务能力。加快信用体系建设，建立区域企业和个人征信系统，完善区域信用管理体系。加强金融监管，防范金融风险，形成安全稳定、规范有序的金融发展环境。为金融业的发展创造安全、有序、诚信、公平竞争的环境。

二　建立大金融服务体系

目前，郑州航空港区银行、证券、保险、期货、信托、基金管理、财务公司等业态门类不够齐全，金融市场体系尚不完善，因此，在积极发展壮大传统金融的同时，还要加快培育发展金融新业态，构建大金融服务体系。依托河南及郑州的金融产业规模，做大做强实验区金融产业，有效集聚区域金融资源。金融新业态与传统金融是一种有效互补关系，不仅可以增强金融市场活力，拓展完善金融产业链，而且可以支持、反哺传统金融机构的盈利能力及竞争力，进一步提高金融业整体附加值，更好地支持并服务于航空经济。用大金融思想构建郑州航空港区新型金融发展体系，是出于对未来港区发展定位的考虑，建立港区大金融体系，应结合港区的定位和发展现状，打造出自己的特色，从经济全球化和市场化的角度出发，树立现代金融业运作理念，提升金融企业的核心竞争力。只有这样，港区的金融业才会在不断创新中拥有强大生命力，为郑州航空港区经济发展注入无穷的动力和血液，实现金融业和实体经济双轮驱动的新型经济发展模式。

（一）发展壮大传统金融业态

郑州航空港区产业发展定位是建成以航空经济为引领的现代产业基地，这就需要借助金融集聚效应推动与航空相关的大产业发展。航空产业集群的多样化来自金融业的助推。郑州航空港区建设必须要依靠银行、证券、保险、期货、信托、基金管理、财务公司等传统金融业态的发展壮大。港区需要进一步扩大金融开放，拓宽融资渠道，从“引进来”和“走出去”两方面同步进行。“引进来”就是要吸引外资金融机构设立分支机构、办事处或投资入股境内金融机构，加强与发达省份的合作，吸引更多的区域性优质地方金融机构参与。同时，结合 QFII 机制，吸引合格境外投资者参与港区产业建设的资金运作。

“走出去”就是要支持港区企业与国外金融机构的业务往来，引导其主动从国际金融市场寻求资金来源。同时增强市场意识，积极借鉴国外金融机构的成功经验，运用国际先进的风险管理理念提高服务水平和效率，满足港区企业特别是外资企业的金融需求。总之，港区要高度重视完善和壮大传统金融业态，构建开放、高效、安全的区域金融体系，提高港区金融业的区域辐射服务能力。

（二）大力发展互联网金融等金融新业态

互联网金融是互联网与金融的结合，是基于互联网及移动通信、大数据、云计算、社交平台、搜索引擎等信息技术，实现资金融通、支付、结算等金融相关服务的金融新业态，是现有金融体系的进一步完善和普惠金融的重要内容。互联网金融提供了更多新的金融服务供给，有效地解决资金集聚与周转问题，拓展了更多的渠道。利用互联网金融平台使资金需求方可以精准地对接资金供给方，让资金流向最需要的地方。有效解决中小微型企业和新兴产业资金问题，成为助推“大众创业，万众创新”的新动力。当下，互联网与金融深度融合已是大势所趋。互联网金融对促进中小微企业发展以及服务实体经济发挥了现有金融机构难以替代的积极作用。

郑州航空港区建设，需要推动互联网产业和金融业融合发展，积极打造金融新业态、新模式，大力发展互联网金融，打造创新普惠金融品牌，构建港区金融业发展优势，以便更好地促进港区产业发展。郑州航空港区建设过程中，要加大对互联网金融的扶持力度，推进互联网金融创新发展，打造互联网金融示范区，促进集聚发展。一是，大力引进和培育并重点扶持互联网金融企业主体。运用租金补贴、基金引导、政策支持等多重方式，吸引国内外知名互联网金融企业入驻港区，积极引导本地互联网企业或产业龙头企业在港区依法设立或并购重组消费金融、融资租赁、股权投资、金融电商等新型金融机构，引导本地金融机构在港区依法发起设立网络银行、网络保险、网络证券和网络基金销售等依托互联网为运营载体和销售渠道的创新型网络金融机构。二是，引导互联网金融企业集聚发展。在港区创建创新基地、新兴产业基地、创新园区等互联网金融产业聚集区，支持互联网金融产业聚集区在办公场地租购、人才引进、企业孵化等方面制定具体扶持政策，进一步完善有利于互联网金融产业发展的各类配套服务设施，吸引互联网金融企业加速集聚发展。三是，大力支持以互联网为主要业务载体的金融产品销售、金融大数据采集、数据存储备份等互联网金融相关及配套服务机构发展，同时，有效集聚市场中介服务主体，包括科技中介机构、金融中介机构、管理咨询服务机构、征信服务机构、财会法律中介机构等。四是，打造互联网金融技术服务云平台。应当加快推动云计算和大数据产业发展，支持互联网金融集聚区建设大数据存储、宽带基础设施等互联网金融基础设施，向互联网金融企业提供云计算标准接口服务、大数据集中处理标准化服务、金融后台集成服务等标准化技术服务或产品。打造集聚区线上、线下结合的功能型服务提供商，运用 PPP 模式引导集聚区内互联网金融企业和配套服务机构、中介服务机构依托资本纽带参与其中。五是，支持互联网保险机构开展网络安全、电子商务、网购消费者权益保护、社交网络等与互联网相关的财产保险业务，创新与互联网金融特点相适应的履约保证保险或其他担保模式，大力发展网络健康险。六是，支持互联网金融企业开展多元化融资。鼓励金融机构、小额贷款公司、融资性担保公司等中介服务机构为互联网金融企业提供融资支持。推动符合条件的互联网金融企业利用境内外多层次资本市场加快发展。鼓励投资机构在港区设立各类互联网金融投资基金，重点扶持互联网金融企业上市、资产收并购、重组以及创新型项目孵化。

（三）培育特色航空金融

郑州航空港区遵循建设大枢纽、发展大物流、培育大产业、塑造大都市的发展思路，坚持东联西进、贯通全球、构建枢纽的战略导向。要建成国际航空物流中心和连通境内外的多式联运现代物流中心，要建成以航空经济为引领的现代产业基地和现代航空都市框架，需要重点发展与航空港经济密切相关的金融租赁、航空物流金融、离岸结算、航运保险、贸易融资等业务。

融资租赁与航空经济的发展“天然”契合。依托航空港主体工业区积极拓展航空租赁业务，壮大港区航空物流核心业务。引进和培育一批规模大、有影响力的租赁企业，发展飞机和大型设备租赁业务。政府应加大产业政策的扶持力度，发挥引领作用，大力培育本地融资租赁公司和银行系金融租赁公司。郑州航空港区要组建本地大型融资租赁公司，可通过政府专项扶持基金，给予相关的扶持与优惠政策，积极支持本地商业银行发起设立金融租赁公司，支持和鼓励本地金融机构、制造厂商，吸引民间资本共同联合出资成立金融租赁公司，打造租赁业本土化的空中航母。郑州航空港区作为国家第一个航空经济示范区，未来将在交通、基础设施、航空产业等方面大力投资，需要大量的成套设备、交通工具、专用机械，而事实证明租赁是解决这些需求的最有效途径。港区设立金融租赁公司不但可以解决自身需求，也可以抓住我国由发展中国家向发达国家迈进的过程中租赁业务发展的最好时机。

大力发展以供应链融资为核心的航空物流金融服务，完善产业链条，协同发展。可以考虑在航空港内搭建一个航空物流金融服务平台，使银行、融资公司等金融机构与航空物流供应链核心企业实现有效链接，并为供应链上的企业提供一体化金融服务，鼓励金融企业开展各种针对航空港区内的航空供应链融资业务，如出口应收账款融资业务、出口发票融资业务等。

大力发展离岸金融业务，打造离岸金融中心。在航空港区内开辟服务于离岸金融业务的专用区域，支持包括人民币在内的一揽子货币直接参与对外支付交易，加快建设第三方跨境支付平台。通过税收优惠、政策扶持等措施，鼓励外资金融机构在此设立离岸金融机构，吸引跨国公司设立财务中心、结算中心，开展离岸结算等业务，并在充分防范金融风险的前提下，建立离岸存款向郑州航空港区企业提供外汇贷款的转换机制，从而使境外资金为港区企业提供新的融资渠道，并拉动航空经济发展。

此外，要支持金融机构围绕贸易融资需求开展金融创新，发展进出口贸易融资，拓展航空运输保险业务。同时应大力发展临空及与国际贸易密切相关的金融中介服务业，诸如，引进与发展会计、法律、征信、评估等金融相关中介服务机构、金融信息服务机构，积极开展保理业务和第三方支付业务等。

（四）积极引进和培养金融人才

加快郑州航空港引智试验区、中国中原人力资源服务产业园等平台建设，扩大高层次人才和技能型人才规模，集聚智力资本、货币资本、技术资本和社会资本。积极引进和培养金融人才，构建多样化、常态化的金融人才引进机制，吸引国内外优秀的金融人才来港区工作，着力打造国际化人才聚集度高、人才发展与产业发展融合度好、人才开放流动性强、人才创新发展力大、人才使用效能程度高的区域性金融人才高地。

大力集聚海外金融优秀人才。畅通海外人才集聚通道，完善海外人才居住证（B 证）、外国专家证、出入境便利等配套政策，加大对紧缺急需海外高层次人才的引进力度，开展人才政策突破和体制机制创新。加快集聚国内金融优秀人才，完善居住证积分、居住证转办户口、直接落户的人才引进政策。探索人才计划的社会化管理机制，健全人才投入效果的评估机制。强化市场发现、市场认可、市场评价的引才机制。发挥政府引导和教育培训资源的整合协调作用，建立完善以院校、市场培训机构以及金融机构内部培训部门为主体的金融人才教育培训体系，建立专业的培训市场和培训网络，鼓励支持金融机构采取内部培训、外派培训、岗位交流、挂职锻炼等多种方式，全面提高员工的职业能力素质。

完善人才流动和评价机制。深化用人制度市场化改革，推动人才流动依据市场规则、按照市场价格、参与市场竞争。完善人才分类评价制度，形成以能力、业绩、贡献为主要标准的人才评价导向，建立社会评价与企业评价的有效衔接机制。落实用人主体对人才的最终评价权。创新金融人才管理方式，设立“金融人才奖”“金融创新奖”等，完善多元化的职业发展通道，加大金融人才管理制度改革创新力度，建立科学的人才激励机制，提高人才市场化配置水平，激发金融人才整体活力和创造力。

第四节　郑州航空港区建设的金融创新

郑州航空港区的产业定位就是要建成以航空经济为引领的现代产业基地，航空经济的发展与金融业的支持密不可分，促进和发展航空经济需要金融创新驱动。

一　创新投融资体制

建设以航空经济为引领的现代产业基地，需要长期的、巨大的、不间断的资金投入，以航空经济为引领的现代产业的培育、发展、兴旺，是一个长期、持续的过程，要制定支持产业发展的中长期投融资规划，政府要创新投融资机制，服务航空引领型产业发展。创新投融资体制，推进融资便利化。围绕解决“谁来投”“怎么投”问题创新投融资机制。在充分发挥政府投资引导作用的基础上，强化企业投资主体地位，建立投资主体自主决策、融资渠道丰富多元、市场环境深度开放的投融资体制机制。根据不同项目情况，可采取投资补助、基金注资、担保补贴、贷款贴息等方式，放大政府资金撬动社会资本效用。创新投融资体制要遵循服务实体经济与提高金融业效益相结合、政府引导推动与市场化运作相结合、学习借鉴与自主发展相结合、全面发展和重点突破相结合的原则，以营造权利平等、机会平等、规则平等、公平竞争的投融资生态环境为目标。构建政府投资规范化、项目融资市场化、融资渠道多元化、融资便利化、社会融资活跃化的新型投融资体系。政府要归位尽责，转变职能，要简政放权，进一步简化、整合投资项目报建手续，创新投资管理方式，建立协同监管机制。要降低政府的投资比重，最大限度地发挥社会资本在郑州航空港区建设过程中的作用。

加快风险投资基金发展。可将发展风险投资基金作为区内高新技术产业投融资体制改革的重点，构建风险投资产业链，落实针对性财税扶持政策，发挥政府资金的杠杆效应，鼓励更多的社会资本参与其中，走“政府出资引导、民间资本为主体，境内外投资相结合”的道路。同时开辟风险资本的退出渠道，为风险投资的循环运作提供保障，实现金融资本和产业资本的有机融合。

二　创新金融机构

（一）组建专业航空金融公司

政府倡导和支持，在郑州航空港区由国有企业、航空公司、金融机构联合组建集贸易、金融、信息、运输、组织与协调等综合功能于一体的专业航空金融公司，实现产业资本与金融资本融合，以推动航空经济发展。专业航空金融公司组织形式可借鉴日本、韩国综合商社形式。其集实业化、集团化、国际化于一体，具有贸易、金融、信息、运输、组织与协调等综合功能。专业航空金融公司提供综合性航空金融服务，致力于为航空投资机构、租赁公司、航空公司以及航空产业等提供专业化、全方位、个性化的航空金融和资产管理服务。

（二）建立港区发展银行

针对郑州航空港区的定位和产业发展对资金的需求，可考虑由河南民航发展投资有限公司联合省内金融机构和民间资本，发起设立郑州航空港区发展银行。创新企业存贷款模式，解决企业资金短缺或盈余的问题，调剂不同企业的资金供给或者需求，建立港区企业发展所需资金的蓄水池和资金平台，解决区域资金来源问题，并大力扶持创新型、服务型等航空经济主导企业发展。郑州航空港区发展银行要通过在证券市场上市的方式，获取更大的发展空间。

（三）组建地方金融控股集团

顺应金融混业经营趋势和郑州航空港区的实际需求，建立金融控股集团，发挥银行、保险、证券和信托等不同领域的整体优势，缓解单个金融企业和单一金融业务领域信息不对称等难题，进而提升金融服务的系统性。可由政府相关主管部门牵头组织多家公司出资组建专职管理职能的金融控股公司；也可由实验区财政代表政府出资，引导地方国资参与，吸收社会资本入股，成立控股基金或收购基金，由金融控股母公司收购本地金融机构的部分股权；或者金融控股公司通过兼并、收购、重组等方式，进行股权投资运作，做大做强现有法人金融机构，或作为主发起人发起设立新型金融机构。

（四）健全保险机构

支持在郑州航空港区设立自保公司、相互保险公司、再保险经纪公司等新型保险组织，以及设立为保险业发展提供配套服务的保险经纪、保险代理、风险评估、损失理算、法律咨询等专业性保险服务机构。支持在郑州航空港区设立中外合资的保险和再保险机构，引入国际保险先进管理技术和经验，创新与航空经济相适应的特殊保险分散机制。

三　创新金融交易平台

（一）创建金融资产交易平台

近年来，伴随着互联网的蓬勃发展，金融资产交易发展迅猛，借助全新的渠道和技术优势，给大量用户带去了非常便利的普惠金融服务。基于平台的金融资产交易需求广泛存在。从融资端来看，一方面，中小企业融资缺口巨大，单一银行间接融资不能满足广大企业的发展需求；另一方面，地方存在明显的资产保值增值和不良资产处置需求。从投资端来看，可支配收入持续增长带来旺盛的投资需求，长期实际负利率导致储蓄再分配，新兴的机构投资者和个人投资者群体不断壮大，品种繁多的理财产品需要一个高效的流转平台。因此，创造金融资产交易平台有着坚实的市场基础。国内许多省市都设立了金融资产交易平台。例如：北京金融资产交易所、天津金融资产交易所、重庆金融资产交易所、广东金融资产交易中心、浙江金融资产交易中心、山东金融资产交易中心、陆家嘴国际金融资产交易市场、南京金融资产交易中心等。金融资产交易平台通过多种交易手段和融资方式，全方位解决本地融资难的问题。

河南省应结合郑州航空港区建设和中原经济区建设的实际，加快设立金融资产交易平台，可考虑设在港区或郑东新区，金融资产交易平台主要提供各类金融资产交易、资产证券化、不良资产流转、平台项目投融资以及跨境资金对接、股权债权、众筹等金融服务，打造线上线下多种交易模式。为各类金融资产提供公开、公平、公正的交易平台，为各类金融资产打造一个从登记、托管、交易到结算的全新、全景、全流程的综合金融交易平台，实现资金需求方与资金供给方自由撮合交易，促进金融资产的流转和创新，为郑州航空港区建设、河南经济发展、中原崛起提供金融服务。

（二）构建“互联网+航空金融”平台

随着互联网技术的深入和航空经济的深入发展，航空产业、与航空相关产业领域内的企业的经营决策将更加追求高效。郑州航空港区建设，要顺应航空经济和“互联网+”的发展趋势，借鉴深圳前海航空航运交易中心有限公司（简称“前海航交所”）构建的“互联网+航空航运+金融”交易平台，利用物联网、云计算、大数据等技术，构建“互联网+航空金融”平台。

前海航交所推出航付保（中国首家航空航运金融结算与数据服务管理平台）的优势就在于通过提供航空航运交易结算、运营结算服务，解决飞机船舶交易过程中交易双方互不信任的问题。前海航交所使用的另一个解决办法是为企业定制第三方征信数据报告，提高获得传统金融机构低息贷款的成功率，为中小航运企业提供多样化金融服务。前海航交所的经验可以归纳为以下三个方面。

第一，不仅覆盖传统航交所的航运业务，同时还具备了航空资产交易的资质。

第二，除了为航空资产、航运资产提供现货电子交易服务及综合服务外，还能为这些航空、航运相关资产以及融资租赁资产、保理资产等各类金融资产和金融产品，提供登记、挂牌和转让等交易场所服务，将资产参数、运营绩效、企业情况等航空要素与银行、担保公司、融资租赁公司等金融要素实现有效对接。

第三，利用产业优势挖掘金融服务深度。前海航交所一方面在整合航空航运产业的优质资源，汇集业内一线交易信息，为行业客户提供实物资产撮合交易平台，同时也向航空、航运企业提供专业的运营结算服务，以及优质的融资服务与其他增值服务。另一方面，前海航交所运用行业大数据建立企业资信管理，定制第三方征信报告，对接广大机构和个人投资者的投资需求，实现融资端与投资端高效又安全的资金撮合。

郑州航空港区建设，必须用互联网手段解决航空产业对金融服务的需求，尽快构建“互联网＋航空金融”平台，为航空产业各机构提供多样化、高效的融资及金融服务，并致力于通过精准的差异化服务助力港区航空产业快速发展。

四　构建产业链、创新链、资金链“三链融合”发展模式

郑州航空港区建设要围绕航空产业链部署创新链，围绕创新链完善资金链，集中资源，形成合力，着力构建产业链、创新链、资金链“三链融合”发展模式。

郑州航空港区要强化产业支撑，完善航空产业体系，需要瞄准产业链、价值链高端，促进互联网与产业发展、制造业与服务业深度融合，做大做强航空物流、高端制造、现代服务业三大主导产业。要抓住新一轮科技革命带来的机遇，把握产业跨界融合、产业链整合新趋势，大力发展新业态、新模式，抓住国家“双创”示范基地、跨境电子商务综合试验区、引智试验区、大数据试验区建设和融入自贸试验区的有利契机，大力发展新技术、新产业、新业态、新模式。要通过制度创新，吸引创新要素集聚，形成创新驱动的发展优势，打造国家级“双创”示范基地，为内陆地区“双创”基地建设提供可借鉴、可推广的模式经验。依托港区众创空间、创新创业孵化园、大学生创业园、科技孵化器等载体，吸引社会资本、风险投资等共同设立港区航空产业创业投资引导基金，大力引进风投、创投、科技保险、基金等各类金融机构，为创业者提供安全、便捷、可靠的金融支持。充分

释放港区的创新能量、激发创业活力，打造特色化“双创”基地。

郑州航空港区通过构建产业链、创新链、资金链“三链融合”发展模式，大力推动航空产业与创新的融合，航空产业创新与金融的融合，最大程度发挥示范基地的辐射带动作用，努力打造全国重要的航空经济基地。

参考文献

[1] 边学涛、温博慧、陈杰：《金融支持航空产业发展问题研究》，《华北金融》2014 年第 4 期。

[2] 曹允春：《临空经济：速度经济时代的增长空间》，经济科学出版社，2009。

[3] 曹允春：《临空经济发展的关键要素、模式及演进机制分析》，《城市观察》2013 年第 2 期。

[4] 曹允春、杨震：《航空运输对区域经济发展的影响分析》，《综合运输》2007 年第 3 期。

[5] 曹允春、踪家峰：《谈临空经济区的建立和发展》，《中国民航学院学报》1999 年第 17 期。

[6] 陈萍：《航空经济发展的金融需求分析——基于“供给领先”和“需求跟随”的金融发展理论》，《金融理论与实践》2015 年第 1 期。

[7] 陈萍：《金融支持航空经济发展的作用机制及路径研究》，《企业经济》2015 年第 3 期。

[8] 陈志武：《金融的逻辑》，国际文化出版公司，2009。

[9] 崔婷、曹允春：《临空经济发展状况评价与发展阶段判定研究》，

《技术经济与管理研究》2010 年第 3 期。
[10] 丁勇、苟大舜：《航空金融发展辨析》，《商业时代》2013 年第 35 期。
[11] 高传义：《融资租赁业发展概况与展望》，上海租赁行业综合信息服务与交易平台，2015。
[12] 高圣平、钱晓晨：《中国融资租赁现状与发展战略》，中信出版社，2012。
[13] 耿明斋、张大卫等：《航空经济概论》，人民出版社，2015。
[14] 耿明斋主编《中原经济区发展指数研究报告》，人民出版社，2013。
[15] 古怡、段思飞：《从行为金融学角度分析航空公司的套期保值策略》，《全国商情》2010 年第 1 期。
[16] 谷焕民、韩立岩：《我国航空租赁业发展策略》，《哈尔滨工业大学学报》（社会科学版）2007 年第 3 期。
[17] 谷健全、王建国：《河南蓝皮书：河南城市发展报告》，社会科学文献出版社，2014。
[18] 郝爱民：《航空经济的基本内涵、特征和分类——兼谈郑州航空港综合实验区发展策略及路径》，《开封大学学报》2014 年第 1 期。
[19]〔美〕赫尔曼、默尔多克、斯蒂格利茨：《金融约束：一个新的分析框架》，张春霖译，中国经济出版社，1998。
[20] 计小青：《上海国际航运中心建设的金融引擎》，上海财经大学出版社，2012。
[21] 李宏斌：《试论航空经济的概念与发展》，《北京航空航天大学学报》（社会科学版）2014 年第 2 期。
[22] 李健：《航空经济发展的若干问题探讨及对策建议》，《科技进

步与对策》2005 年第 9 期。

[23] 李晓江、王缉宪:《航空港地区经济发展特征》,《国外城市规划》2001 年第 2 期。

[24] 刘世锦:《为产业升级和发展创造有利的金融环境》,《上海金融》1996 年第 4 期。

[25] 刘涛:《航空经济产业特征的规律性研究》,《商》2013 年第 10 期。

[26] 陆佳丽、黄屹杰:《我国航空运输业融资创新——机票收入证券化》,《会计之友》2012 年第 1 期。

[27]《马克思恩格斯全集》(第 23 卷),人民出版社,1975。

[28] 马铱潞:《云南航空发展正当时(一路向南·云南国际大通道建设特别报道)》,《人民日报》(海外版)2015 年 11 月 17 日。

[29] 孟繁华:《我国航空租赁发展面临的困难与路径选择》,《理论与探索》2014 年第 1 期。

[30] 苗得雨:《我国民用航空工业的金融服务系统研究》,博士学位论文,同济大学,2008。

[31] 苗得雨:《中国民用航空工业金融服务系统研究》,航空工业出版社,2009。

[32] 念新洪:《云南将建游客“黑名单”制度 遏制旅游陋习》,云南网,2016 年 1 月 15 日,http://yn.yunnan.cn/html/2016-01/15/content_4118371.htm。

[33] 上海海洋大学航运金融课题组编《航运金融》,中国金融出版社,2012。

[34] 沈露莹:《世界空港经济发展模式研究》,《世界地理研究》2008 年第 9 期。

[35] 石斌、李心愉:《我国航空租赁公司飞机融资业务考察》,《开放

导报》2015 年第 4 期。

[36] 孙健虎：《我国飞机租赁现状及对策》，《中国民用航空》2014 年第 10 期。

[37] 孙蔚、苏立、席小虹：《我国加快发展航空租赁业务初探》，《经济问题探索》2008 年第 4 期。

[38] 谭星禄、熊艳华：《中国民航飞机租赁研究》，新世纪交通运输业财务与会计学术研讨会，2003。

[39] 汤国俊：《民用飞机融资租赁发展研究》，硕士学位论文，上海交通大学，2010。

[40] 田剑英、徐利民：《航运企业发展中的金融支持——以宁波为例》，浙江大学出版社，2012。

[41] 王博、刘永余、刘澜飚：《我国融资租赁业风险与监管研究》，《金融监管研究》2015 年第 3 期。

[42] 王洪梁：《"一带一路"背景下郑州航空城发展与建设研究》，《山东社会科学》2015 年第 12 期。

[43] 王静娅：《发展航空经济与培育区域金融中心的融合与互动》，《人才资源开发》2014 年第 9 期。

[44] 王章留、郝爱民、杨波等：《航空经济理论与实践》，经济科学出版社，2013。

[45] 王章留等：《航空经济理论与实践》，经济科学出版社，2013。

[46] 文瑞：《试论航空港经济概念的新发展》，《河南科技大学学报》（社会科学版）2015 年第 4 期。

[47] 吴桐水、罗先飞：《中国通用航空租赁发展政策建议研究》，《中国民航大学学报》2013 年第 4 期。

[48] 肖刚、王科、敬忠良：《上海民用航空产业发展研究》，上海交通大学出版社，2013。

[49] 袁堃：《临空经济区发展的理论与实证研究》，博士学位论文，武汉理工大学，2010。

[50] 〔美〕约翰·卡萨达、格雷格·林赛：《航空大都市——我们未来的生活方式》，曹允春、沈丹阳译，河南科学技术出版社，2013。

[51] 〔美〕约翰·希克斯：《经济史理论》，厉以平译，商务印书馆，1987。

[52] 张军扩等：《临空经济发展的战略与对策——以首都国际机场为例》，经济科学出版社，2008。

[53] 章连标：《我国民航飞机租赁的主要方式及其发展趋势》，《民航经济与技术》1996 年第 8 期。

[54] 章连标、宋卫星：《我国飞机租赁业发展现状及发展对策》，《国际航空》2008 年第 1 期。

[55] 赵婧：《航空金融租赁潜力巨大》，《经济参考报》2014 年 9 月 19 日。

[56] 郑豫晓、张欣：《临空经济：理论、实践及金融构想》，《河南财政税务高等专科学校学报》2015 年第 8 期。

[57] 郑州航空港经济综合实验区网站（www. zzhkgq. gov. cn）。

[58] 中国民航局网站（www. caac. gov. cn）。

[59] 邹建军：《经济新常态下的中国民航业发展趋势》，《国际航空》2014 年第 11 期。

[60] 赵振杰、杨凌：《为什么发展航空经济》，《河南日报》2012 年 8 月 9 日，第 3 版。

[61] 郑州航空港经济综合试验区管委会：《郑州航空港经济综合试验区现代综合交通枢纽三年行动计划（2016～2018）》，2016。

[62] King Robert, G. and Levine Rose, “Finance and Growth: Schumpter

Might be Right," *The Quarterly Journal of Economics* 108 (1993): 717 - 737.

[63] Levine Rose, "Financial Development and Economic Growth: Views and Agenda," *Journal of Economic Literature* 35 (1997): 688 - 762.

[64] Park, S. Y. and Sung Shin, *Financial Structure and Industrial Growth: A Direct Evidence from OECD Countries*, Working Paper, 2005.

[65] Beck, T., "Financial Development and International Trade: Is There a Link," *Journal of International Economics* 57 (2002): 107 - 131.

[66] Rajan, R. G. and Zingales, L., "Financial Dependence and Growth," *American Economic Review* 88 (1998): 559 - 586.

[67] Yang Chau Chen et al., "Codetermination of Capital Structure and Stock Returns - A lisped Approach: An Empirical Test of Taiwan Stock Markets," *Quarterly Review of Economics & Finance* 10 (2010): 4 - 15.

图书在版编目(CIP)数据

航空经济发展的金融支持与创新研究 / 冯登艳等著
. -- 北京 : 社会科学文献出版社, 2018.10
(航空技术与经济丛书. 研究系列)
ISBN 978-7-5201-2828-5

Ⅰ. ①航… Ⅱ. ①冯… Ⅲ. ①航空运输-运输经济-经济发展-研究-中国 Ⅳ. ①F562.3

中国版本图书馆 CIP 数据核字(2018)第 109767 号

航空技术与经济丛书 · 研究系列
航空经济发展的金融支持与创新研究

著　　者 / 冯登艳 等

出 版 人 / 谢寿光
项目统筹 / 陈凤玲
责任编辑 / 宋淑洁　李吉环

出　　版 / 社会科学文献出版社 · 经济与管理分社(010)59367226
地址: 北京市北三环中路甲 29 号院华龙大厦　邮编: 100029
网址: www. ssap. com. cn
发　　行 / 市场营销中心(010)59367081　59367018
印　　装 / 三河市尚艺印装有限公司

规　　格 / 开 本: 787mm × 1092mm　1/16
印 张: 10.75　字 数: 138 千字
版　　次 / 2018 年 10 月第 1 版　2018 年 10 月第 1 次印刷
书　　号 / ISBN 978-7-5201-2828-5
定　　价 / 79.00 元

本书如有印装质量问题, 请与读者服务中心(010-59367028)联系

版权所有 翻印必究